NIKKEI BUNKO

コーポレートガバナンス・コード

堀江貞之

日本経済新聞出版社

はじめに

コーポレートガバナンス・コードとは、2015年6月に日本の全上場企業に対して適用が始まった、東京証券取引所が定めた上場規則です。この規則は、5つの基本原則、30の原則、38の補充原則からなります。本文だけで21頁、1万5千字以上のボリュームでかなり多くの内容が盛り込まれています。コーポレートガバナンスには様々な意味がありますが、今回のコードは、コーポレートガバナンスを、中長期にわたり企業の収益力を高め企業価値を向上させるための意思決定を行う仕組みと考えています。

なぜ、コーポレートガバナンス・コードが、このような企業の収益力向上という目的をもって策定されたのでしょうか。それは日本企業の収益力が、2011年以降回復傾向にあるものの、全体で見るとかなり長期にわたって低下してきたという重い事実があるからです。収益力低下が労働者や投資家への配分を下げることにつながり、経済の停滞を招いた原因の1つになったとの認識が広まってきたのです。

そのため、コーポレートガバナンス・コードは日本政府の成長戦略の一環として策定されました。本来は、企業自らが自律的に実行しなければならない収益力の向上を、政府が音頭を取って、そのための枠組み作りを買って出たところに大きな特徴があるのです。

既にコーポレートガバナンス・コードは、2015年6月の株主総会に大きな影響を与えました。例えば、トヨタ自動車が「AA型種類株式」と呼ばれる個人投資家の長期保有を増加させることを主たる狙いとした優先株式の発行を求める定款変更を株主総会に諮りました。コードの趣旨に沿った種類株式の発行であるという会社側の説明に対して結果的に約75％の賛成票で可決されたものの、海外の機関投資家から、安定株主が増えると経営規律が失われる恐れがあるといった反論もあり、コーポレートガバナンスのあり方に関して、株主総会だけでなくメディアでも大きな議論が起こっています。

また独立社外取締役を採用している上場企業数が2015年7月末時点で東証一部上場企業の87％を超え、また2名以上の選任企業も48％を超えました。1年前と比べそれぞれ2割以上増加しています。コードの適用開始をにらみ、持ち合い株式の解消を進める事業会社も増えるなど、企業経営に大きな影響を与え始めていると言えます。

本書では、このコーポレートガバナンス・コードの意図を説明し、上場企業が具体的に何をすれば、企業価値向上につながるコーポレートガバナンスの改善が行えるのかを解説しよ

う と試みます。本書は次のように構成されています。

序章で、コーポレートガバナンス・コードの意図を簡単に紹介したいと思います。その意図を正確に理解しないと、企業が適切な対応策を施すことができないと考えるからです。第1章では、コーポレートガバナンス・コードがそもそもどのような経緯で策定されたのか、どのような特徴を持った規則なのかを説明します。

その上で、第2章でコーポレートガバナンス・コードの内容を、5つの基本原則と東京証券取引所が定めた開示項目を中心に、ポイントを絞って解説したいと思います。5つの基本原則は、コードの中でもいわば憲法のようなもので、その意図を十分に理解しておくことが、その他の細かな原則の意味を考える場合に重要になります。

第3章では、このコードの趣旨に沿ってコーポレートガバナンスの改善のため企業は何をしなければならないのか、その具体案を提示します。第4章では、第3章で示した対応をすでに行っている企業の具体事例を示したいと思います。

第5章では、今回のコードにおいて企業と並ぶ重要な役割を果たす投資家をより深く理解するため、彼らの投資の意図、投資戦略を説明します。第5章を読むことで投資家への対応を見直すきっかけとなるはずです。

最後の第6章で、上場企業が実行すべきことを、再度ポイントだけ説明します。

本書は、政府の各種有識者会議や、筆者が属する私的な研究会である『山を動かす』研究会のメンバーとの議論から得た知見をベースに執筆したものです。メンバーとの議論がなければ、本書を執筆することはできませんでした。改めてメンバーの方々の協力に感謝します。

また、すべての原稿に目を通し適切なアドバイスをいただいた野村総合研究所の富永洋子氏と、筆者に出版を勧め刊行まで様々な面でのサポートをいただいた日本経済新聞出版社・日経文庫編集長の平井修一氏に厚く御礼を申し上げる次第です。

2015年6月

堀江　貞之

コーポレートガバナンス・コード──［目次］

序章　コードを軸に経営が一変する

1　コーポレートガバナンス改革元年

経営改革の意思が問われる

２０１５年は日本企業経営のコーポレートガバナンス改革元年になりました。５月に会社法が改正され、機関設計として新たに「監査等委員会設置会社[1]」が導入されました。そして６月から適用が開始されたコーポレートガバナンス・コードによって、企業経営者のコーポレートガバナンスに対する意識が、「企業の持続的成長と企業価値向上」に焦点を当てたものに変わったからです。

コーポレートガバナンスという言葉から、人はどんなことを思い浮かべるでしょうか。ある人は、「経営者が暴走しないように取締役会の監督機能を強化することだ」と言うでしょうし、別の人は「企業に関わる多様な利害関係者の利害を調整するための仕組みだ」と言うでしょう。

経営学者ピーター・ドラッカーは、古代よりガバナンスには似て非なる２つの系統があると説明しています。その２つとは、「制度的アプローチ」（明確な枠組みを基礎にした権力交代の実現）と「君子の教育」（統治者の人格や徳を重んじるアプローチ。企業経営ではプロフェッショナル・マネジャーによるリーダーシップの発揮を重視するもの）というアプローチで、実際には両方が必要と述べています。

今回公表されたコーポレートガバナンス・コードは、一見すると制度的アプローチからガバナンスを改善しようとしているように見えますが、実は後者と関わる経営の自律的な改革の意思、つまり経営のリーダーシップがなければコーポレートガバナンスは改善しないとも書かれています。

中長期の企業価値向上を目指す

アプローチの方法はともかく、コーポレートガバナンス・コードにおけるコーポレートガバナンスの定義は極めて明確です。コーポレートガバナンス・コードでは、「会社が、株主をはじめ顧客・従業員・地域社会等の立場を踏まえた上で、透明・公正かつ迅速・果断な意

1　監査等委員会設置会社は、監査役会設置会社、指名委員会等設置会社と並ぶ第三の機関設計として採用されました。指名委員会等設置会社と同じく、取締役会が監督機能を一元的に担いますが、指名委員会等設置会社が監督機能だけを担うのに対し、執行機能を取締役会に多く残すことも可能なハイブリッド型になっている点に特徴があります。

思決定を行うための仕組み」と定義しています。さらに、この仕組みが適切に実践されることは、「それぞれの会社において持続的な成長と中長期的な企業価値の向上のための自律的な対応が図られることを通じて、会社、投資家、ひいては経済全体の発展にも寄与することとなるものと考えられる。」と書かれています。

コーポレートガバナンス・コードの目的は、企業経営に多様な視点を組み入れ、企業経営者の戦略的な意思決定をより的確に行うことで、中長期の企業価値向上を図るための大まかな仕組みを示すことなのです。企業がコードを参考に意思決定の仕組みを改善することで、より高い収益を長期安定的に獲得することが可能になり、また経営の透明性が高まることで資金調達も容易になり、企業の競争力を高めることになると考えられます。コーポレートガバナンスの改善は、誰のためでもない、企業自身のために実行するものなのです。

2　コーポレートガバナンス・コードは「太陽政策」

結果責任を恐れずに経営

コード原案を策定した政府の有識者会議の座長を務めた池尾和人慶應義塾大学教授は、有識者会議の中で次のように述べています。「私はコーポレートガバナンス・コード策定を企業に対する太陽政策としてやっているという思いがある。」

北風政策的な要素もなくはありませんが、経営者が結果責任を恐れず積極的な経営をしてもらうための体制を整備するためのものだという意味です。経営者の結果責任ももちろん重要ですが、経営者の努力のプロセスを見ることも大切です。経営者の努力にもかかわらず環境変化により結果が芳しくない場合もあります。そのような場合、十分なプロセスを踏んだ上での経営判断であれば、社外独立取締役や投資家は経営者を非難するのではなく擁護すべきなのです。

コーポレートガバナンス・コードの中には、「独立社外取締役を2名以上選任すべき」といった「他律的」に経営規律を高める項目も入っていますが、それはあくまで、経営者自身の「自律的な」経営プロセスの改善をサポートするという意味合いで入っているのです。

収益力再生をサポート

では本来、企業経営者が自律的に改善すべきことを、なぜコーポレートガバナンス・コードという枠組みを示す形で政府が導入することになったのでしょうか。そこに日本の上場企業が抱える大きな課題があります。

2000年以降、企業の収益力を意識した経営努力があまり進まず、日本企業の収益力がグローバルに見て相対的に落ちてきました。そして収益力の低下は、日本企業の競争力を相対的に弱めた大きな要因の1つになっています。企業が利益をあげないと従業員に十分な給与を支払うこともできず、また利益の中から投資家に配当等を支払うこともできません。収益力の低下こそ、日本経済が長年にわたり停滞してきた理由の1つになっているとも考えられるのです。

そこで今一度、収益力を全体的に高めるための経営のフレームワークをコーポレートガバナンス・コードという形で提示し、企業の自律的な収益力改善努力をサポートすることが重要と考えられたのです。

3　なぜ収益力と関係するのか

意思決定は収益に直結

収益力改善とコーポレートガバナンスにどのような関係があるのか、あまり理解できないという企業の方も多いのではないかと思います。収益力を上げるのは言うまでもなく企業そのものの力です。従業員や執行役員を含む経営者の努力、事業に関連する協力企業の努力等によって、企業の競争力が維持され利益をあげることができます。企業の「自律的な」努力が高い収益力の源泉であることは紛れもない事実です。

その中で、取締役会を含む経営陣の意思決定は収益力を決定する上で極めて大切な要素です。コーポレートガバナンス・コードでも、企業の重要な意思決定機関である取締役会の機能が大変重要だと考えられています。

取締役会は、大きく分けて経営の執行機能と監督機能の2つの機能を持っています。取締役会にはできる限り多様な視点を取り込むことが大変重要です。結果が長期に及ぶ経営判断を行う際に、様々な観点からのリターンやリスクの評価を実行でき、的確な意思決定を行う確率を高めることができると考えられるからです。

つまり、取締役会の構成員の多様性や独立性を高めるとともに、投資等の是非を判断できる資質を持った取締役を取締役会に置くことが、的確な経営判断をすることにつながり収益力の改善をもたらす1つの条件だと考えられるのです。これがコーポレートガバナンスの改善が収益力と関連する理由です。

なぜ上場企業にだけ適用するのか

それでは、コーポレートガバナンス・コードが、すべての企業ではなく、上場企業だけに適用されているのはなぜでしょうか。上場企業は非上場企業とは異なる特別な責任を負っています。上場企業は、不特定多数の投資家からの資金を受け入れ、株式市場で所有権が時価で取引されており、経営に対して高い透明性が求められます。

日本は海外の先進国と比較して、事業規模の大きな企業の大多数が上場企業であり、その事業の成否は社会にも大きな影響を及ぼします。上場企業は日本の代表企業であり、すべての日本企業の規範になる事例を示す重要な役割を担っているからこそ、今回のコーポレートガバナンス・コードの適用対象になっているのです。

4　中長期の企業価値に関心の高い投資家に焦点を当てるのはなぜか

経営者と投資家の共通点

本書は、特に「中長期の企業価値に関心の高い投資家」からの視点を意識して執筆します。

多くの利害関係者の中で、これまで上場企業の経営者が、ともすればあまり強く意識してこなかった投資家の視点を重視しているのはなぜでしょうか。いくつか理由があります。

まず、優れた企業経営者や取締役会と、中長期の企業価値を評価する優れた投資家は、非常に似た機能を持っているという点です。長期の企業価値に焦点を当てた者同士が対話をすることで、様々な視点から事業内容を確認できるはずで、お互いの業務の品質を高める上で効果があると思われます。

極めて大胆に整理すると、経営者には2つの役割があります。広い意味での投資（資本配分）と事業運営の2つです。ここでいう投資とは、設備投資、研究開発、企業買収、他社との提携など、様々な投資手段の中から何が企業価値向上に結びつくかを判断し投資を実行する仕事です。CEO（最高経営責任者）が主に投資を担当し、COO（最高執行責任者）が事業運営を担当するといった役割分担を行っている企業もあります。この経営者が行う投資と、優れた投資家が行っている投資判断は、極めて似通ったものだと考えられます。

優れた投資家は、多様な考え方を持った投資チームのメンバーが、ごく少数の高い収益力を上げてきた企業の中から投資先企業を選んでいます。投資先の選択では、多様な視点で多くのシナリオを描き、将来の収益力の頑健性を多角的に分析し投資先企業を最終決定しています。さらに投資先企業を長期にわたって保有することで、その投資先企業の高い収益力を背景に配当やキャピタルゲインを通じて高いリターンを享受しているのです。

優れた経営者や取締役会が行う投資判断も似たようなプロセスで行われます。資本を使って様々な案件に投資するケースでは、経営者が選んできたいくつかの優良な投資の選択肢の中から、多様な視点を持った取締役メンバーが長期に生じる様々なリスクシナリオを勘案し、どの案件に投資をするかを決定します。取締役に案件を選択及び評価する資質が必要であるとともに、企業内部の取締役だけでなく、全く異なる視点から評価を行える取締役の存在が、優れた投資の意思決定を行う場合に重要だと考えられるのです。

株主の視点を意識する利点

第二の理由は、中長期の企業価値に関心の高い投資家を意識した経営を行えば、結果として、企業が提供する商品の付加価値を高める努力などを通じて収益力が向上し、消費者、労働者、債権者など他の利害関係者のためにもなるからです。

もとより、企業は株主である投資家の他にも消費者、従業員、取引相手、債権者など様々な利害関係者を考慮した経営を行う必要がありますが、コーポレートガバナンス・コードの（基本原則1）「株主の権利・平等性の確保」の考え方の中では以下のように述べられています。

「上場企業には、株主を含む多様なステークホルダーが存在しており、こうしたステークホルダーとの適切な協働を欠いては、その持続的な成長を実現することは困難である。その際、資本提供者は重要な要であり、株主はコーポレートガバナンスの規律における主要な起点でもある。」

これはつまり、利害関係者の中でも、特に株主の視点を意識しているということであり、その理由は、コーポレートガバナンス改善で最も重要な役割を果たすのは株主であり、彼らの視点を意識することで、他の利害関係者の利益にもなると期待されているからなのです。

コーポレートガバナンス・コードでは「株主」という言葉で統一されていますが、本書では、株主（投資家）をひとくくりにせず、あえて「中長期の企業価値に関心の高い投資家」を区分して考えます。

投資家は様々な目的を持って企業に投資をしています。様々な投資家がいるからこそ、株式市場でいろいろな見方が醸成され、売買が活発になり流動性が維持されています。様々なお金の稼ぎ方があり、投資家の多様性が保たれることは良いことです。

ただ、中長期の企業価値を向上させる上で、企業経営者が意識すべきは、中長期の企業価値に関心のある投資家です。株主平等性の原則を守って、様々な投資家の関心に応えて適切に情報開示をする中、企業経営者自身が真に対峙すべきは中長期の企業価値を真剣に考えている投資家なのです。

彼らとの真摯な対話が経営の参考になり、Ｗｉｎ－Ｗｉｎの関係構築を築くことになります。一方で、投資家との対話から有益な情報を得るためには、企業は経営者に有益な情報を提供してくれる投資家が誰かを見極める、つまり投資家のプロファイリング技術を高めていくことが重要です。このプロファイリングの技術については第５章で説明します。

Ｗｉｎ－Ｗｉｎの関係は投資家と企業の間の関係に留まりません。企業価値向上を図ることができれば、コーポレートガバナンス・コードの目的に書かれているように、他の利害関係者すべてが恩恵を被ることになるからです。Ｗｉｎ－Ｗｉｎの関係は投資家と経営者の間だけでなく、様々な利害関係者の間にも成立すると考えられます。中長期の企業価値を考える投資家を意識することで、結果的に他の利害関係者にも貢献することになるのです。

5　企業経営者の責務とは

富の創出能力の最大化

経営者が何に責任を持ち経営を行うべきか、という点にも様々な意見があり、その意見の相違を知っておくことも重要です。投資家と経営者の間には経営者の責務について意見の違いがあるように言われることもありますが、実は両者にあまり大きな意見の差はないと思われます。

例えば、経営者の責務について、ピーター・ドラッカーは『見えざる革命[2]』の中で、次の3つを上げ、3番目の定義が経営者の責務として適切ではないかとしています。

①経営者は「受託者（trustee）」であり、株主、顧客、従業員、供給業者、工場所在地のコミュニティーの利益を最もバランスさせるよう企業を経営する責任がある

②「株主にとっての価値最大化」のために経営する責任がある[3]

2　1996年に「The Pension Fund Revolution」とタイトルを変え、章が書き加えられ再出版されました。

③「富の創出能力の最大化[4]」のために経営する責任がある

3番目の富とは、企業が生み出すキャッシュフローから得られる利益などを指します。ドラッカーは、①の考え方は成果の明確な定義が欠如しており、1950年代〜70年代まで米国の経営者が凡庸な仕事しかすることができなかった理由の1つだと述べています。②「株主にとっての価値最大化」の考え方は①よりも現実的ではあるものの、短期的な寿命しか持ち得ないと考えていました。②は半年あるいは1年以内に株価を上げることを意味し、企業にとっても長期投資家にとっても誤った目標だからです。

将来生み出すキャッシュフロー

そして彼は、③の考え方が最も適切だとしました。企業が将来生み出すキャッシュフローを最大化できるように経営するという目標こそ、短期と長期の成果を一致させ、市場における地位、イノベーション、生産性、人材開発など、企業の成果に関わる実体を考慮したものであり、最も重要な経営者の責務と考えたわけです。

③の考え方は、中長期の企業価値を評価する投資家が考える経営者の責務と同じだと考えられます。日本の上場企業経営者の中には、①の考え方で経営をしている人もいると思いま

す。しかし、米国の歴史が示しているのは、そのような曖昧な定義では、結果的に多くの利害関係者が満足する実績を得ることができなかったということです。長期的なキャッシュフロー能力を高める経営の実行が、結果的に投資家を含む利害関係者すべての利益に適うという事実を確認しておくべきでしょう。

6 「企業価値」と「成長」を明確に定義する

資本コストは最低限のハードル

もう一点、本書では「企業価値」と「成長」という言葉を明確に定義します。例えば、「企業価値」という言葉には多義性があり、コーポレートガバナンスと同様、人によってイメージするものは様々です。企業側としては、企業価値を非常に広義にとらえているケースが多いようです。企業活動から生み出される製品やサービス、その結果としての売上高、利益、

3　GEのCEOであるRalph Cordinerが行った定義であり、1950年頃に提唱されました。
4　英語では、maximize the wealth-producing capability of the enterprise と表現されています。

それらを生み出す人的資源などなど、社会で企業活動を行う上での資源をすべて含めたものとしてとらえているのです。

しかしそのような曖昧な企業価値の定義では、企業の収益力を高め、コーポレートガバナンス・コードで考えられている企業価値を高めることはできません。先ほどの企業経営者の責務で述べた、利害関係者のバランスを考えた経営では十分ではないのと同様です。

企業価値の定義では、「富の創出能力」が本来の意味に近いように思われます。企業価値とは、企業の保有する有形資産に加えて将来生み出される利益を含めたものと考えるべきです。しかもその利益は、投資家が求めるリターンである、「資本コスト」を上回るものであることが、上場企業に求められる最低限の条件となります。

ここで「資本コスト」という概念が、大変に重要になります。資本コストとは一言で言うと、資本を提供する投資家が企業に期待する最低限の期待リターンです。経済産業省がまとめた通称「伊藤レポート」で示された調査結果によると、グローバルな機関投資家が日本企業に期待する資本コストは平均で7％を超えているとされており、決して低い数値ではありません。資本コストは企業が様々な意思決定を下す際の重要な基準になります。例えば、企業が資本調達する際のコストであり、様々な投資を行う際のハードルレートでもあります。

株主は企業が倒産した場合には投資額すべてを失うわけですから、高いリスクに見合ったリターンを企業に要求するのです。重要な点は、まず企業は資本コストを意識しなければならないということ。次に重要なことは、資本コストを上回る収益を上げなければ企業価値が増加しないということです。したがって企業は資本コストを意識しなければ企業価値の向上は図れません。資本コストを下回る利益しか生み出さない企業は、投資家から見ると「企業価値破壊企業」です。伊藤レポートでは、約4割の企業しか資本コストを意識していないと指摘されており、まだ概念が浸透していないことも事実です。今後は資本コストを意識した経営を行うことが不可欠になると考えるべきでしょう。

売上ではなく利益の成長

「成長」という言葉にも同様に大きな誤解があります。企業は売上高の成長など「規模の成長」をイメージしている場合が多いと思いますが、投資家の考える成長は、「利益の成長」です。資本コストを上回る利益を獲得できる売上高の成長でなければ、企業価値は毀損されます。資本コストを上回る利益を上げてこその成長なのです。

企業経営者は、この企業価値と成長の定義を十分に理解する必要があります。利益をあげてそれを資本に組み込み、その資本に対してさらに高い収益をあげて、資本と利益額をより高い水準に引き上げていく。その循環こそが企業価値を高め、企業を成長させていくことになるのです。企業価値を上げるには資本コストを上回る収益力を付けることが不可欠である、この点を理解することが、コーポレートガバナンス・コードに対して上場企業が適切な対応を行う近道と言えるでしょう。

本書では、このように投資家の視点も常に意識し、コーポレートガバナンス・コードという切り口を使い、コーポレートガバナンス改善を図って企業価値を向上させるために、何を実行していけばよいのかを説明していきます。

第1章　コーポレートガバナンス・コードとは何か

1　コーポレートガバナンス・コードは成長戦略の要

2015年6月から適用開始

コーポレートガバナンス・コードは、2015年3月5日に原案が提示された「コーポレートガバナンス・コード原案～会社の持続的な成長と中長期的な企業価値の向上のために～」(以下、「コード原案」と略)をベースに策定され、東京証券取引所が上場規則として2015年6月から適用を開始しました。

コーポレートガバナンス・コードでは、コーポレートガバナンスを「会社が、株主をはじめ顧客・従業員・地域社会等の立場を踏まえた上で、透明・公正かつ迅速・果断な意思決定を行うための仕組み」と定義しています。迅速・果断な意思決定を経営者が行うための仕組みであることが明示されており、不祥事を含むリスク面より、企業価値を向上させることを含むリターン面の改善に焦点を当てたものであることが示されています。

コード原案は金融庁と東京証券取引所が共同事務局となり、2014年8月から2015年3月まで、9回にわたる有識者会議の議論を経て公表されました。コーポレートガバナンス・コードは、序文と背景説明を除き、コード原案そのままの内容になっています。

筆者も会議のメンバーの一員として、コード原案の策定に参加しました。コーポレートガバナンス・コードは、東京証券取引所が企業行動規範の「遵守すべき事項」として規定し、2015年6月から適用が始まっています。本節では基本的にコーポレートガバナンス・コードにしたがい、場合によりコード原案の一部（特に序文）を参照しながら説明していきます。

コード原案の序文は、①経緯及び背景、②コード原案の目的、③「プリンシプルベース・アプローチ」及び「コンプライ・オア・エクスプレイン」、④コード原案の適用、⑤コード原案の将来見通し、から構成されており、コーポレートガバナンス・コードの精神が記述されています。内容を説明する前に、序文に沿ってコーポレートガバナンス・コードの精神を説明していきます。

コード原案序文の①経緯及び背景では、策定の意図が説明されています。「平成26年6月に閣議決定された『日本再興戦略』（改訂2014）において、東京証券取引所と金融庁を共同事務局とする有識者会議において、基本的な考え方を取りまとめ、東京証券取引所が、2015年の株主総会のシーズンに間に合うよう新たにコーポレートガバナンス・コードを策定することを支援する、との施策が盛り込まれた。」と書かれています。

スチュワードシップ・コードとの関係

コード原案策定に先立ち、2013年6月の「日本再興戦略」には、「機関投資家が、対話を通じて企業の中長期的な成長を促すなど、受託者責任を果たすための原則（日本版スチュワードシップ・コード）について検討し、取りまとめる。」との施策が盛り込まれました。これを受け、2013年8月、金融庁に設置された有識者会議の議論を経て、2014年2月に「『責任ある機関投資家』の諸原則《日本版スチュワードシップ・コード》」が策定・公表され、実施に移されています。

ここで若干、日本版スチュワードシップ・コード[5]について説明をしたいと思います。

日本版スチュワードシップ・コードは、機関投資家が投資先企業との対話を通じ、企業の中長期的な成長を促すことを目的の1つとして、機関投資家が受託者責任を果たすための原則を定めたものです。「スチュワード」とは執事とか財産管理人の意味で、そのコードとは、人から預かったお金を責任をもって運用する機関投資家の行動原則という意味です。幅広い機関投資家が企業との建設的な対話を行い、「投資先企業の持続的成長」を促し、最終的に顧客・受益者の中長期的な投資リターンの拡大を図ることを目的としています。

ここでいう機関投資家とは、資金の運用等を受託し自ら企業への投資を担う「資産運用者としての機関投資家」（投資運用会社など）と、当該資金の出し手を含む「資産保有者としての機関投資家」（年金ファンドや保険会社など）に大別されます。2015年5月末時点で日本版スチュワードシップ・コードに受け入れ表明した機関投資家は191社、そのうち、運用会社が133社、全体の約7割を占めており、日本株式に投資する日本に投資拠点を持つほとんどの運用会社がすでに受け入れ表明をしています。海外を含む年金ファンドの受け入れ表明は23社となっています。

スチュワードシップ・コードは、以下の7原則から構成されています。

①スチュワードシップ責任を果たすための明確な方針の策定と公表

②スチュワードシップ責任を果たす上で管理すべき利益相反についての、明確な方針の策定と公表

③投資先企業の持続的成長に向けてスチュワードシップ責任を適切に果たすため、当該企業の状況を的確に把握することの必要性

④投資先企業との建設的な「目的を持った対話」を通じて、投資先企業と認識の共有を図

5　「日本版」と名づけたのは、2010年に英国で制定された「スチュワードシップ・コード」にならって作成されたからです。

るとともに、問題の改善に努める必要性

⑤議決権の行使と行使結果の公表についての明確な方針の設定、議決権行使方針については、投資先企業の持続的成長に資するものとなる工夫の実行

⑥議決権の行使も含め、スチュワードシップ責任をどのように果たしているのかについて、原則として、顧客・受益者に対して定期的に報告

⑦投資先企業の持続的成長に資するよう、投資先企業やその事業環境等に関する深い理解に基づき、当該企業との対話やスチュワードシップ活動に伴う判断を適切に行うための実力を備える

本コードは、「遵守か説明か」（コンプライ・オア・エクスプレイン）に基づくソフトローであり、遵守義務はありませんが、コードを遵守しない場合にはなぜ遵守しないのかを説明する必要があります。ソフトローとは、「罰則の伴うルール」であるハードローに対して、「罰則の伴わない原則（ガイドライン）」ベースのものです。

このように、コーポレートガバナンス・コードと日本版スチュワードシップ・コード（図表1－1に概要を示しました）は、ともに政府の成長戦略の一環として策定されているのです。その目的は、中長期にわたり企業の収益力を高め、企業価値を向上させることにありま

す。企業の「稼ぐ力」を取り戻し、その収益を労働者や株主などの関係者に還元し、そのお金が社会で使われることで経済が活性化することを期待しているのです。

この中長期の企業価値向上という共通目標に向けて、企業経営者と投資家双方が意識を合わせることが望ましいと考えられます。企業経営者が、中長期の企業価値向上に関係する適切な情報開示や機関設計などを行い、投資家がそれを基に経営者と建設的な対話を行うことで、両者の間で活発な議論が行われ、企業価値向上に向けての良いアイデアが生まれてくると期待されるからです。両コードが、企業価値向上に向けての車の両輪と言われるのはそのような意味からです。

また企業経営者と投資家は、双方とも受託者責任を負っています。企業経営者は株主から経営を付託された者としての受託者責任を負い、一方で投資家は資金運用を委託している顧客から受託者責任を負っています。

企業が「責任」という言葉で思い浮かべるのは、製造者責任に代表される、顧客への責任ではないでしょうか。企業は様々な利害関係者への責任を負っていることは言うまでもないことですが、株主から経営を任された者としての重大な責任を負っていることを忘れてはなりません。コーポレートガバナンス・コードの序文において、企業の株主に対する受託者責

日本版スチュワードシップ・コード （2014年2月）
1．機関投資家は、スチュワードシップ責任を果たすための明確な方針を策定し、これを公表すべきである。
2．機関投資家は、スチュワードシップ責任を果たす上で管理すべき利益相反について、明確な方針を策定し、これを公表すべきである。
3．機関投資家は、投資先企業の持続的成長に向けてスチュワードシップ責任を適切に果たすため、当該企業の状況を的確に把握すべきである。
4．機関投資家は、投資先企業との建設的な「目的を持った対話」を通じて、投資先企業と認識の共有を図るとともに、問題の改善に努めるべきである。
5．機関投資家は、議決権の行使と行使結果の公表について明確な方針を持つとともに、議決権行使の方針については、単に形式的な判断基準にとどまるのではなく、投資先企業の持続的成長に資するものとなるよう工夫すべきである。
6．機関投資家は、議決権の行使も含め、スチュワードシップ責任をどのように果たしているのかについて、原則として、顧客・受益者に対して定期的に報告を行うべきである。
7．機関投資家は、投資先企業の持続的成長に資するよう、投資先企業やその事業環境等に関する深い理解に基づき、当該企業との対話やスチュワードシップ活動に伴う判断を適切に行うための実力を備えるべきである。

（出所）金融庁と東京証券取引所の資料を基に筆者が作成

図表1-1　コーポレートガバナンス・コードと日本版スチュワードシップ・コードの概要

コーポレートガバナンス・コード（2015年6月）
1．**株主の権利・平等性の確保**：上場会社は、株主の権利が実質的に確保されるよう適切な対応を行うとともに、株主がその権利を適切に行使することができる環境の整備を行うべきである。
2．**株主以外のステークホルダーとの適切な協働**：上場会社は、会社の持続的な成長と中長期的な企業価値の創出は、従業員、顧客、取引先、債権者、地域社会をはじめとする様々なステークホルダーによるリソースの提供や貢献の結果であることを十分に認識し、これらのステークホルダーとの適切な協働に努めるべきである。
3．**適切な情報開示と透明性の確保**：上場会社は、会社の財政状態・経営成績等の財務情報や、経営戦略・経営課題、リスクやガバナンスに係る情報等の非財務情報について、法令に基づく開示を適切に行うとともに、法令に基づく開示以外の情報提供にも主体的に取り組むべきである。
4．**取締役会等の責務**：上場会社の取締役会は、株主に対する**受託者責任等・説明責任を踏まえ、会社の持続的成長と中長期的な企業価値の向上を促し、収益力・資本効率等の改善を図るべく、** ①企業戦略等の大きな方向性を示すこと ②経営陣幹部による適切なリスクテイクを支える環境整備を行うこと ③独立した客観的な立場から、経営陣（執行役・執行役員を含む）・取締役に対する実効性の高い監督を行うこと をはじめとする役割・責務を適切に果たすべきである。こうした役割・責務は**いずれの機関設計の場合でも、等しく適切に果たされるべきである。**
5．**株主との対話**：上場会社は、その持続的な成長と中長期的な企業価値の向上に資するため、株主総会の場以外においても、株主との間で建設的な対話を行うべきである。

任が明記されています。投資家と企業のお互いがそれぞれの受託者責任を意識し、企業価値向上に向けて活動を行っていくことが、最終的には、年金受給者などに果実を提供することになることを再認識すべきだと思われます。

2　稼ぐ力を取り戻す――英国とは大きく異なるコードの位置づけ

英国では金融危機の反省から

日本ではコーポレートガバナンス・コードと日本版スチュワードシップ・コードの2つが、平仄《ひょうそく》を合わせる形で制定されましたが、2つのコードが制定された目的は諸外国とは大きく異なります。図表1－2で縦軸に事業会社のリスク（不祥事の発生等）、横軸にリターン（資本生産性、一例としてのＲＯＥ）を取って、2つのコードの目的を示しています。

横軸のリターンに「資本生産性」を使っているのには大きな理由があります。日本企業は過去、労働生産性を高めグローバルな製品競争力を培ってきたことはよく知られている通りです。企業経営から見ると、資本生産性は労働生産性と同じ概念で、企業がグローバルな資金獲得競争を勝ち抜き、事業基盤を強化するための重要な指標と考えられます。資本生産性

図表1－2　両コードの目的

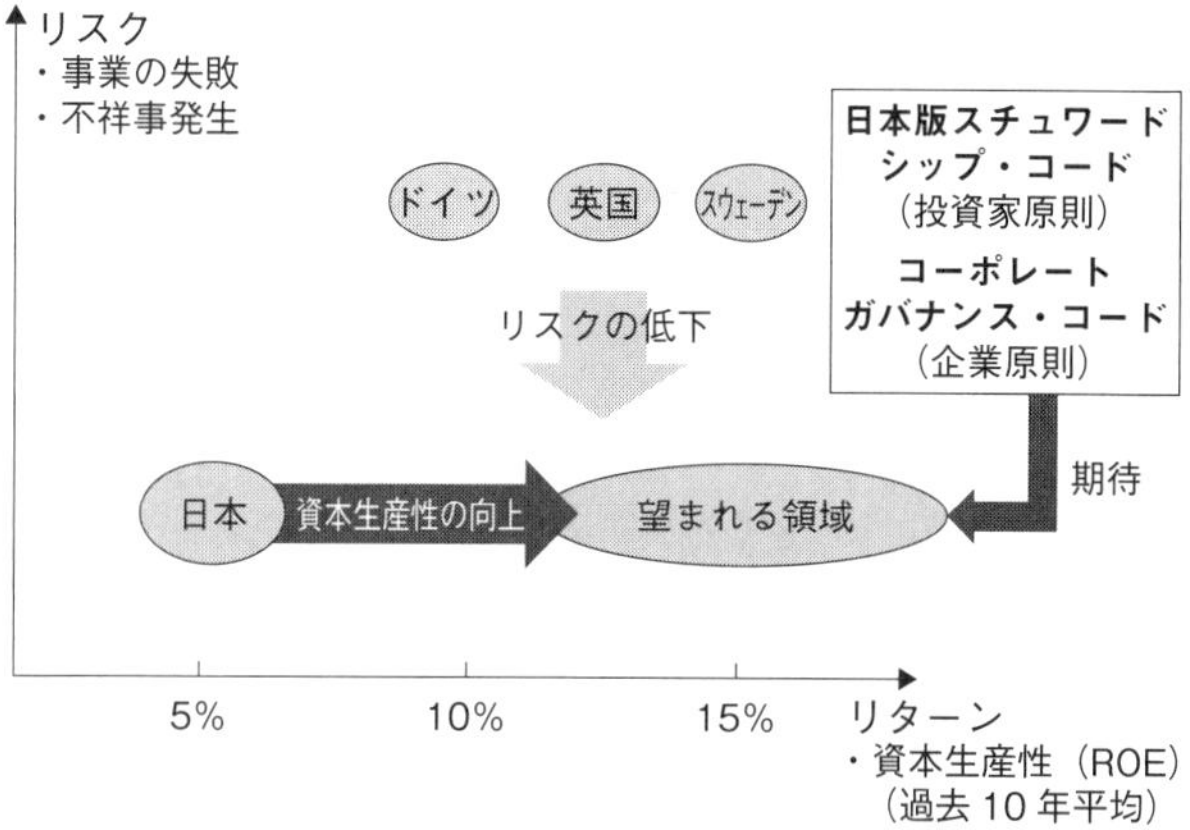

（出所）小林慶一郎・杉浦秀徳の資料を基に筆者が作成

には様々な指標がありますが、株主から見た資本生産性であるROE（Return on Equity、日本語では自己資本利益率、株主資本利益率等の名称で呼ばれる）がその代表例です。株主が投資した資本に対してどのくらいの利益が獲得できたのかを示す指標です。「資本効率」と呼ばず、「資本生産性」という言葉を使っているのは、この指標を高め収益力を向上させることが企業価値を高くするという、企業から見た重要な指標だという点を強調したいためです。決して株主だけの指標ではないのです。

欧米の場合、コーポレートガバナンス・コードやスチュワードシップ・コードは、どちらかというと縦軸、つまり不祥事や事業の失敗を防ぐ意図、つまり経営への「ブレーキ」の役割を期待する面が強いように思います。欧米では、企業経営者が企業価値を高めるべく時によって過度なリスクを取ることがあり、大きな損失が発生することがあるからです。例えば、2010年、機関投資家の事業会社に対する対話を促進させるため、英国でスチュワードシップ・コードが制定されました。金融危機の発生で、英国の銀行が破綻し、税金が投入される事態が生じたことが背景にあります。銀行破たんの直接原因は、過度なリスクを取った銀行経営陣の経営判断の誤りですが、機関投資家が経営陣の行動を十分にモニタリングせず暴走を防ぎ得なかった、つまり機関投資家の監督が不十分だったということも指摘されました。そうした問題意識からコードの制定が始まりました。

「攻めのガバナンス」を目指す日本

日本では180度異なる理由、つまり横軸のリターン向上、経営陣に対して「アクセル」を踏むことを促すのが主たる目的になっています。不祥事を防ぐことを主要な目的にしているわけではありません。リターン、つまり資本生産性を上げることが目的なのです。なぜ、コーポレートガバナンスの改善が資本生産性の向上に結びつくのかピンとこない企業関係者も多いのではないでしょうか。コーポレートガバナンスの体制を整え意思決定のプロセスを透明化させることが、収益を狙った、よりリスクを取った果断な意思決定を行うことができると考えられるのか。それは、意思決定プロセスの透明化が失敗の原因を特定することにつながり、たとえ経営が失敗したとしても訴訟などから経営者を守ることになるからです。

序章で述べたように、コーポレートガバナンス・コードにおいては、コーポレートガバナンスを、「会社が、株主をはじめ顧客・従業員・地域社会等の立場を踏まえた上で、透明・公正かつ迅速・果断な意思決定を行うための仕組み」と定義しています。リスクの低下を「守りのガバナンス」というなら、リターン向上は「攻めのガバナンス」と言い換えることができるかもしれません。

コード原案序文の②コード原案の目的において、「コード原案は、会社の意思決定の透明性・公正性を担保しつつ、これを前提とした会社の迅速・果断な意思決定を促すことを通じて、いわば『攻めのガバナンス』の実現を目指すものである。コード原案では、会社におけるリスクの回避・抑制や不祥事の防止といった側面を過度に強調するのではなく、むしろ健全な企業家精神の発揮を促し、会社の持続的な成長と中長期的な企業価値の向上を図ることに主眼を置いている。」と、企業価値向上に主眼を置いたものであることが明記されています。

3　コンプライ・オア・エクスプレインによる自主性の尊重

細則主義ではなく原則主義

もう1つのコーポレートガバナンス・コードの特徴は「コンプライ・オア・エクスプレイン（原則を遵守するか、実施しない場合には、その理由を説明するか）」という原則主義を採用している点です。コーポレートガバナンス・コードで示されている規範は、5つの基本原則、30の原則、38の補充原則から構成されていますが、すべての規範をそのまま受け入れる必要はないということです。各企業のとりまく経営状況に応じて、自らの考え方に沿って、どのような対応を行うべきかを工夫して考えるべきものなのです。つまり、企業が取るべき行動を詳細に規定する「ルールベース・アプローチ」（細則主義）ではなく、企業の置かれた状況に応じて、それぞれ適切なコーポレートガバナンスを実現することができるよう、原則主義が採用されているのが特徴です。

コーポレートガバナンス・コードはその原案を金融庁と東京証券取引所が共同事務局で作成したこともあり、ともすると、これらの原則に対して杓子定規にすべて「コンプライ」しようという対応を考えている日本企業も多いのではないかと思います。しかし、中長期の企業価値との関係を無視して、コーポレートガバナンス・コードに対する「コンプライ」を行うのは本末転倒です。

実施しない理由を説明すれば良い

コーポレートガバナンス・コードは、「コンプライ・オア・エクスプレイン」に基づくソフトローであり、すべての原則に「コンプライ」する必要はありません。コードを遵守しない場合にはなぜ遵守しないのかを説明をすれば良いわけです。

例えば、**（基本原則4－8）**「独立社外取締役の有効な活用」は世の中でも注目されている原則で、「資質を十分に備えた独立社外取締役を少なくとも2名以上選任すべきである」と規定されています。しかし、例えばある企業が事業内容の悪化に伴い業績を大きく下げ、CEOのリーダーシップの下に権限を集中して経営再建を行っていたとします。そのような状況下では、「当社は、現在、経営再建途上にあり、再建スピードをアップさせるため、CEOが取締役会議長を兼任、また独立社外取締役を置かず内部取締役だけの構成で経営の意思決定の迅速性を最優先し、経営を進めていきます。」というような形で記述することが可能です。

特に、中長期の企業価値に焦点を当てた投資戦略を採用する海外の運用会社には、外形基準にとらわれることなく、真の企業の強さを見抜こうとする特徴があります。企業は中長期の企業価値を上げるという視点から堂々とその主張を述べるべきだと思われます。つまり、コーポレートガバナンス・コードの原則の中に、各企業の現状に鑑み実施することが適切でないと考えるものがあれば、それを「実施しない理由」を説明することで、実施を見送ることも想定しているのです。

「コンプライ・オア・エクスプレイン」は、前述した日本版スチュワードシップ・コードにおいて、日本で初めて採用されたものです。いまだなじみがなく、どのような対応を行うべきか迷う企業も多いかと思います。最も重要な点は、「自らの事情に応じて、自らの言葉で、コーポレートガバナンスのあり方を説明する」ということにつきます。いわゆる「ひな型」的な表現をすべきでないと言われるのは、「自らの事情に応じ、自らの言葉で説明する」という趣旨と真逆の考え方だからです。

そうは言っても、実施していない理由を「エクスプレイン」することは、なかなか難しいと思われる企業が多いことも事実です。3月決算の企業は遅くとも2015年いっぱいで、コーポレートガバナンス報告書に対応内容を記す必要があるわけですが、初年度は、まだ対応できていない課題を堂々とエクスプレインすることが重要です。投資家も、何ができており何が課題として残っているかを明確に認識でき、企業価値評価の参考になるでしょうし、企業の今後の対応を見守ることができると考えられるからです。

第2章

コーポレートガバナンス・コードの構成と開示

1　ＯＥＣＤコードをひな形とした世界最先端の内容

5つの基本原則から構成

では、コーポレートガバナンス・コードの内容とはどのようなものでしょうか。コーポレートガバナンス・コードは図表2−1の通り、５つの基本原則から構成されています。コーポレートガバナンス・コードの策定に当たって、「ＯＥＣＤ コーポレートガバナンス原則」を踏まえるものとすると明記されたことを受けて、コーポレートガバナンス・コードの内容は同原則の趣旨に即したものとなっています。ただしＯＥＣＤ原則は２０１５年に改定予定であり、その改定内容を先取りしてコーポレートガバナンス・コードに反映していること、またＯＥＣＤ原則にはなかった「株主との対話」が第5基本原則として追加されている点が特徴的です。「株主との対話」は、英国やシンガポール等の諸外国のコーポレートガバナンス・コードには入っており、日本版スチュワードシップ・コードと平仄を合わせる意味で重要と考えられ加えられたものです。

グローバルに見ると、コーポレートガバナンス・コードは段階を経て、その内容を発展させてきたことが分かります。初期のものは、今回のコーポレートガバナンス・コードの（基本原則４）「取締役会等の責務」だけが記述されたものでした。次に、（基本原則１）「株主の権利・平等性の確保」が付け加えられ、現在は、日本のコーポレートガバナンス・コードのように、５つの原則から構成されるものになっています。欧州ではさらに、議決権行使助言機関の活動をチェックする項目が検討されているようです。

世界標準の内容

このように日本のコーポレートガバナンス・コードは世界のコーポレートガバナンスの状況を踏まえ、日本の状況も加味した上で作成されています。コーポレートガバナンス・コードの策定において、海外からも多くのコメントが寄せられ、おおむね高い評価を得ました。コーポレートガバナンス・コードの示した規範は世界のレベルから見ても高く評価されるものになっていると言えるのです。安倍晋三首相が２０１５年４月29日、米国議会の両院合同会議での演説で、「世界標準に則って、コーポレートガバナンスを強めました。」と発言したのは、そのような理由に基づいています。

4．取締役会等の責務		5．株主との対話
4-1. 取締役会の役割・責務（1）（①～③）	4-8. 独立社外取締役の有効な活用（①、②）	5-1. 株主との対話に関する方針（①～③）
4-2. 取締役会の役割・責務（2）（①）	4-9. 独立社外取締役の独立性判断基準及び資質	5-2. 経営戦略や中長期の経営計画の策定・公表
4-3. 取締役会の役割・責務（3）（①、②）	4-10. 任意の取り組みの活用（①）	
4-4. 監査役及び監査役会の役割・責務（①）	4-11. 取締役会・監査役会の実効性確保のための前提条件（①～③）	
4-5. 取締役・監査役等の受託者責任	4-12. 取締役会における審議の活性化（①）	
4-6. 経営の監督と執行	4-13. 情報入手と支援体制（①～③）	
4-7. 独立社外取締役の役割・責務	4-14. 取締役・監査役のトレーニング（①、②）	

（出所）金融庁・東京証券取引所の資料を基に筆者が作成

図表2-1　コーポレートガバナンス・コードの概要（5基本原則・30原則・38補充原則）

1．株主の権利・平等性の確保	2．株主以外のステークホルダーとの適切な協働	3．適切な情報開示と透明性の確保
1-1．株主の権利の確保（補充原則:①～③）	2-1．中長期的な企業価値向上の基礎となる経営理念の策定	3-1．情報開示の充実（①、②）
1-2．株主総会における権利行使（①～⑤）	2-2．会社の行動準則の策定・実践（①）	3-2．外部会計監査人（①、②）
1-3．資本政策の基本方針	2-3．社会・環境問題をはじめとする持続可能性を巡る課題（①）	
1-4．いわゆる政策保有株式	2-4．女性の活用を含む社内の多様性の確保	
1-5．いわゆる買収防衛策（①）	2-5．内部通報（①）	
1-6．株主の利益を害する可能性のある資本政策		
1-7．関連当事者間の取引		

2　5つの基本原則のそれぞれの意図

コーポレートガバナンス・コードでは、5つの基本原則を記した上で、その基本原則をより詳細に規定したいくつかの原則と、さらにその原則の意味を明確にするための補充原則が記述されています。5つの基本原則の下に記述された各原則の数は30、補充原則数は38と、総数73もの原則が示されています（図表2－1を参照）。序文・基本原則を除いても21頁にわたり詳細な記述が行われており、かなりのボリュームになっています。この章の後で詳しく述べますが、このうち、11の項目が開示対象に指定されています。

ここで最も重視すべきは5つの基本原則です。コーポレートガバナンス・コードの憲法ともいうべき根幹部分であり、その意図を理解することが最も大切です。コーポレートガバナンス・コードは上場企業すべてに適用されますが、マザーズ・JASDAQ上場企業はその適用範囲が限定されています。しかしマザーズ・JASDAQ上場企業も基本原則部分だけに限っては、実施しない場合の説明を求めており、基本原則はすべての上場企業の必須原則と言えるのです。

基本原則は、①株主の権利・平等性の確保、②株主以外のステークホルダーとの適切な協働、③適切な情報開示と透明性の確保、④取締役会等の責務、⑤株主との対話、の5つから構成されています。この5つの基本原則に込められた意図を実現することが、コーポレートガバナンスの基礎となるのです。簡単に5つの基本原則の意図を説明しておきたいと思います。

（基本原則1）株主の権利・平等性の確保

> 上場企業は、株主の権利が実質的に確保されるよう適切な対応を行うとともに、株主がその権利を適切に行使することができる環境の整備を行うべきである。
> また、上場企業は、株主の実質的な平等性を確保すべきである。少数株主や外国人株主については、株主の権利の実質的な確保、権利行使に係る環境や実質的な平等性の確保に課題や懸念が生じやすい面があることから、十分に配慮を行うべきである。

真っ先に、株主の権利・平等性の確保が挙げられているのには大きな理由があります。上場企業の持続的な成長の実現には、様々なステークホルダー（利害関係者）との適切な協働が不可欠ですが、その中で資本提供者が重要な要であり、コーポレートガバナンスの規律における主要な起点でもあるからです。そのことが、コーポレートガバナンス・コードの第1章の考え方の中に明記されています。

企業経営者の頭の中を覗いてみると、なぜ資本提供者、つまり株主の権利が強調されているのかを理解できます。まず、企業経営者は製品・サービス市場での競争を勝ち抜くため、顧客や競争相手のことを必死に考えているはずです。競争に勝ち抜く優れた人材を確保するため、労働市場への関心も高いと思われます。またいざという時に貸付を行ってくれる銀行に対する配慮も欠かせないでしょう。では投資家についてはどれぐらい考えているでしょうか。普段の事業運営で投資家の存在はほとんど意識されることがなく、年に1回の株主総会の時だけ、取締役選任議案を通すために投資家を意識するという上場企業が多いというのが実情ではないでしょうか。

コーポレートガバナンス・コードは、決して「利害関係者の中で投資家のことを最優先しろ」と要求しているのではありません。投資家がコーポレートガバナンスの規律改善において重要であり、その役割を十分意識した経営を行うべきであると言っているのです。そのために、例えば株主総会で株主が十分に議案を審議できるよう開催日のかなり前に招集通知を送るべきであるとか、効率的な資本活用がなされているかどうかを投資家が確認できるように明確な資本政策の基本方針を立てて説明すべき、といったことが原則・補充原則に書かれているのです。

（基本原則1）の中では、まず株主総会に関わる権利の確保と権利行使についての詳細な規定がされています。日本は世界的に見ても株主総会の位置づけが重く、形式的には株主の権利が強くなっています。しかし、法的に瑕疵のない運営を重視する意識が強いことから、海外投資家からは、あたかも株主権を制限しているように受け取られる場合もあります。

コーポレートガバナンス・コードではこのような実情を踏まえて、海外の機関投資家から見ても十分実効性を持っていると評価される総会運営のベストプラクティスを示しています。また、補充原則では、いわゆるＷＥＢ開示など、これまで様々な議論があった課題についても一定の方向性が示されました。経済産業省の「持続的成長に向けた企業と投資家の対話促進研究会」で２０１５年４月にまとめられた「対話先進国に向けた企業情報開示と株主総会プロセスについて」で指摘された事項なども踏まえ、実効性のある株主総会運営に向けた取組みが期待されているのです。

また、**（基本原則1）**「株主の権利・平等性の確保」におけるもう１つの大きな柱は、資本政策を明確にすべきという考え方が徹底されている点です。（原則1－3）「資本政策の基本的な方針」として示されているのは、資本コストを意識した資本生産性向上の考え方を明確に記すべきであるという点です。（原則1－4）「いわゆる政策保有株式」や（原則1－5）「いわゆる買収防衛策」を含め、株主から見て適切な資本活用が行われているか、また株主の権利を侵害した方策がとられていないか等を明確に説明することを求めています。

資本政策を含むこれらの方針説明は、従来は法的に問題がなければ良いという視点で対応されてきた場合が多いのではないでしょうか。しかし、今後は企業自身が資本コストを勘案した時に適切かという観点から見直すことが期待されています。特に、政策保有株式の保有に関しては、取締役会における検証と合理性に関する具体的な説明および議決権行使基準の策定・開示が求められます。

企業価値評価を行っている機関投資家は当然、資本コストを踏まえた資本政策の基本方針と整合的かという視点から対話を行うと考えられます。これまでとは違った観点から企業自身が改めて検証を行うことが求められているのです。

（基本原則2）株主以外のステークホルダーとの適切な協働

> 上場企業は、会社の持続的な成長と中長期的な企業価値の創出は、従業員、顧客、取引先、債権者、地域社会をはじめとする様々なステークホルダーによるリソースの提供や貢献の結果であることを十分に認識し、これらのステークホルダーとの適切な協働に努めるべきである。
> 取締役会・経営陣は、これらのステークホルダーの権利・立場や健全な事業活動倫理を尊重する企業文化・風土の醸成に向けてリーダーシップを発揮すべきである。

〔基本原則2〕は、株主以外のステークホルダーへも十分な配慮を行うべきとの内容です。日本企業の多くはすでにこの点に関しては十分な配慮を行っていると考えられ、新たに対応することはさほど多くないと思われます。中長期の視点に立った経営を行う上で、社会環境を意識したサステナビリティーへの対応、女性活用等を含む多様性の確保などが挙げられています。

（基本原則3）適切な情報開示と透明性の確保

> 上場企業は、会社の財政状態・経営成績等の財務情報や、経営戦略・経営課題、リスクやガバナンスに係る情報等の非財務情報について、法令に基づく開示を適切に行うとともに、法令に基づく開示以外の情報提供にも主体的に取り組むべきである。
> その際、取締役会は、開示・提供される情報が株主との間で建設的な対話を行う上での基盤となることも踏まえ、そうした情報（とりわけ非財務情報）が、正確で利用者にとって分かりやすく、情報として有用性の高いものとなるようにすべきである。

第3章「企業はどのように対応すべきか」で詳細について述べますが、自社の企業価値を分かりやすく外部に伝えることが極めて重要であるというのが、（基本原則3）「適切な情報開示と透明性の確保」のメッセージです。ここでのポイントは、中長期の企業価値を考える投資家にとって必要な、企業価値に関連する十分な情報を提供することです。

法令に則った情報を適時適切に開示することは言うまでもないことですが、ここで開示すべき情報として重要視されているのは、企業理念や経営戦略、経営陣幹部・取締役を選任するプロセスや選任理由など、中長期の企業価値を投資家が判断する上で不可欠と考えられる内容です。

企業価値を判断する上で、どのような情報が重要であるのか。投資家によって様々な基準があるでしょうが、中長期の企業価値を判断する投資家には日本、海外にかかわらず共通の不可欠な情報が存在します。どのような情報開示が必要か、第3章で詳しく説明します。

（基本原則4）取締役会等の責務

上場企業の取締役会は、株主に対する受託者責任・説明責任を踏まえ、会社の持続的成長と中長期的な企業価値の向上を促し、収益力・資本効率等の改善を図るべく、

(1)　企業戦略等の大きな方向性を示すこと

(2)　経営陣幹部による適切なリスクテイクを支える環境整備を行うこと

(3)　独立した客観的な立場から、経営陣（執行役及びいわゆる執行役員を含む）・取締役に対する実効性の高い監督を行うこと

をはじめとする役割・責務を適切に果たすべきである。

こうした役割・責務は、監査役会設置会社（その役割・責務の一部は監査役及び監査

役会が担うこととなる)、指名委員会等設置会社、監査等委員会設置会社など、いずれの機関設計を採用する場合にも、等しく適切に果たされるべきである。

コーポレートガバナンス・コード21頁中、7頁にわたって記述されているのが、この(**基本原則4**)「取締役会等の責務」です。コーポレートガバナンス・コードが海外で発展してきた歴史を見ても、最初に記述されたのは、(**基本原則4**)「取締役会等の責務」に該当する部分であり、コードの中核であると言えます。原則14、補充原則19と、数でも全体の約半分を占めており、また東京証券取引所が定める11の開示項目の内、7つが(**基本原則4**)「取締役会等の責務」に関係したものになっています。攻めのコーポレートガバナンスを実現するための機関設計を考える上で重要なチェックポイントが網羅されていると言えます。

(**基本原則4**)「取締役会等の責務」のポイントは、監査役会設置会社など会社法で認められた3つの機関設計の如何にかかわらず、取締役会の役割を、①企業の中長期の経営方針を定めること、②経営陣幹部の迅速・果断な意思決定をサポートする環境整備、③経営陣に対する実効性の高い監督を行う、の3点だとしている点です。

3点とも、取締役会の監督機能として重要なものと考えられています。会社の持続的成長と中長期的な企業価値の向上を促し、収益力・資本生産性の改善を目指すことが、取締役会が果たす役割だと考えているのです。上場企業は各原則で示された内容を、守るべき制約条件ととらえるのではなく、この3つの役割を果たすことが経営の意思決定の品質を高めると考え、各企業の事業内容に応じて創意工夫をすることが求められています。

また、コーポレートガバナンス・コードでは独立社外取締役を、取締役会の監督機能の実効性を確保する上での中核的存在と位置づけています。**（原則4－8）**「独立社外取締役の有効な活用」に「中長期的な企業価値の向上に寄与する資質を十分に備えた独立社外取締役を少なくとも2名以上選任すべき」という条項が入れられました。「他律的な」独立社外取締役の監督機能の充実が、「自律的な」取締役機能の発揮において重要だと考えられているわけです。コーポレートガバナンス・コード原案の策定時には「2名以上選任」という部分が注目されましたが、形式的な人数よりもその存在を活かす体制をどのように構築していくかが重要と言えます。

独立社外取締役については、経営陣が成長に向かって果断なリスクテイクを行えるようにするという役割が明確に示されています。**（原則4－7）**「独立社外取締役の役割・責務」で示されている独立社外取締役の4つの役割（第3章で説明します）のうち、3つは監督機能です。

多くの企業では、これまで独立社外取締役の役割に経営の助言機能を挙げる場合が多かったのではないでしょうか。今後も助言機能は必要ではありますが、果断な意思決定を行うためには独立社外取締役による透明性の高いチェックが適切に行われていることが必要であると考えられています。

独立社外取締役の重要性を理解するポイントの1つは、取締役会の多様性を高めることにつながるという点ではないでしょうか。取締役会が長期にわたる戦略的な意思決定を行う場合、リターンだけでなく様々なリスク要因を把握していくことが極めて重要です。そのような多面的な評価を行う上で、企業内部の視点だけではなく、外部の視点も入れることでより確度の高い判断ができる可能性を高めることができると考えられます。多様な意見を取締役会に反映する上で、「独立性」を重視すべきだと思われます。

経済環境はめまぐるしく変動しており、時として経営判断を間違い、企業が大きな損失を被ることもあるでしょう。そのような場合、経営陣を損害賠償責任から守るのは、独立社外取締役を含む多様な視点でチェックポイントが確認されるような透明性の高い合理的な意思決定プロセスが構築されていることだと考えられます。

〔基本原則5〕株主との対話

> 上場企業は、その持続的な成長と中長期的な企業価値の向上に資するため、株主総会の場以外においても、株主との間で建設的な対話を行うべきである。
> 経営陣幹部・取締役（社外取締役を含む）は、こうした対話を通じて株主の声に耳を傾け、その関心・懸念に正当な関心を払うとともに、自らの経営方針を株主に分かりやすい形で明確に説明しその理解を得る努力を行い、株主を含むステークホルダーの立場に関するバランスのとれた理解と、そうした理解を踏まえた適切な対応に努めるべきである。

この〔**基本原則5**〕は、ＯＥＣＤのコーポレートガバナンス原則にはなかったもので、新たに入れられた原則です。〔**基本原則5**〕は、〔**基本原則3**〕「適切な情報開示と透明性の確保」と対をなすものです。ここで株主とは、主として中長期の企業価値を真剣に見極めようとする投資家を意味します。

株主との対話というと、すぐに株主総会のことが思い浮かぶかもしれませんが、基本原則5が示す対話は株主総会に限定されるものではありません。図表2－2で示したように、株主（投資家）が行う働きかけには様々なものが存在します。そして対話とは、株式総会での質疑応答だけを指すのではなく、企業経営者と投資家が様々なミーティングの場で行う、中長期の経営方針や事業環境に関する議論も含みます。主たる対話とは、このような個別の会議で行われるような議論を指すのです。図表2－2では③個別の議論がこれに当たります。

この株主との対話で不可欠であるのが、企業から提供される中長期の企業価値に関連する情報になります。そのような適切な情報がなければ、企業と投資家との企業価値に関する建設的な対話が十分になされないことになるからです。その対話を促進するために、（**基本原則3**）「適切な情報開示と透明性の確保」での企業価値に関連する適切な情報開示が不可欠になるのです。

もう一点、注意すべきことは、対話とは双方向で改善するものだということです。これまでの企業と投資家の関係は、どちらかというと企業が情報を発信しそれを投資家が受け身的に聞くというものが多かったのではないでしょうか。しかしここでの対話は、双方が企業価値向上に焦点を当てて議論する場合にどのような点に着目するのかを、まさに双方向で議論し作り上げていくプロセスを想定しています。投資家は受け身ではなく、企業を理解するために必要な情報がどのようなものかを企業側に伝えていくべきでしょうし、企業もその要求

図表2－2　投資家が行う投資先企業への働きかけ（エンゲージメント活動）の内容

エンゲージメント活動の一覧		内容とその特徴	公開・非公開
狭義のエンゲージメント活動	①議決権行使	●株主総会において、企業の提案に対して賛否を表示 ●提出可能な議案内容は各国により大きく異なる（米国が最も狭い） ●議案は取締役選任、ガバナンス構造の変更、資本構成変更（増資等）、配当政策、経営者報酬　等 ●議決権行使代行のプロバイダーを援用するケースもある	公開
	②株主提案	●株主自らが株主総会において議案を提出 ●議決権行使が経営者の提案に対するパッシブな行動であるのに対し、よりアクティブな行動と考えられる	公開（事前提案は非公開の場合も多い）
	③個別の議論	●個別に、企業経営者と投資家が経営に関する事項について相対で議論。議題は、経営理念、経営戦略、資本構成等の財務戦略、また議決権行使の事項など多岐に亘る。 ●狭義のエンゲージメント活動の中では、最もアクティブな活動 ●内容が専門的で、専門性を持った人的資源（＋コスト）が必要 ●ESG項目のような無形資産の価値向上に焦点を置く活動も存在	非公開が中心
	④株主間の意見調整	●株主の間での意見調整及び協調体制の確立 ●意見の異なる株主の説得	非公開
広義のエンゲージメント活動	⑤経営／業務執行	取締役・執行役の選任及び送り込み 事業再編計画の立案 業務内容の遂行　　　等	非公開

（出所）筆者作成

に対応しどのような情報開示が適切なのか考えながら開示内容や対話の内容を改善していくことが重要です。

3　東京証券取引所が求める開示内容

5つの基本原則の意図を説明したわけですが、コーポレートガバナンス・コードへの対応を具体的にどうすればよいのかが企業にとって最も気になる部分であると思います。内容は多岐にわたるため、ここではすべてではなく、最も重要なポイントのみを説明しておきたいと思います。どこが重要か、それは人により様々な考え方があると思いますが、参考になるのが東京証券取引所の示した開示項目です。

コーポレートガバナンス・コードの内容は、東京証券取引所の定める、企業行動規範の「遵守すべき事項」として規定されています。コード原案に沿った上場規則を作成した東京証券取引所は、2015年2月に公表した「コーポレートガバナンス・コードの策定に伴う上場制度の整備について」の中で、開示すべき内容（図表2－3を参照）及び「コンプライ・オア・エクスプレイン」の「エクスプレイン」は、コーポレートガバナンス報告書で説明する

図表2－3　コーポレート・ガバナンス報告書等での「開示」を求める諸原則　一覧（1）

原則	内容
原則1-4	上場会社がいわゆる政策保有株式として上場株式を保有する場合には、政策保有に関する方針を開示すべきである。また、毎年、取締役会で主要な政策保有についてそのリターンとリスクなどを踏まえた中長期的な経済合理性や将来の見通しを検証し、これを反映した保有のねらい・合理性について具体的な説明を行うべきである。 上場会社は、政策保有株式に係る議決権の行使について、適切な対応を確保するための基準を策定・開示すべきである。
原則1-7	上場会社がその役員や主要株主等との取引（関連当事者間の取引）を行う場合には、そうした取引が会社や株主共同の利益を害することのないよう、また、そうした懸念を惹起することのないよう、取締役会は、あらかじめ、取引の重要性やその性質に応じた適切な手続を定めてその枠組みを開示するとともに、その手続を踏まえた監視（取引の承認を含む）を行うべきである。
原則3-1	上場会社は、法令に基づく開示を適切に行うことに加え、会社の意思決定の透明性・公正性を確保し、実効的なコーポレートガバナンスを実現するとの観点から、（本コード（原案）の各原則において開示を求めている事項のほか、）以下の事項について開示し、主体的な情報発信を行うべきである。 (i)　会社の目指すところ（経営理念等）や経営戦略、経営計画 (ii)　本コード（原案）のそれぞれの原則を踏まえた、コーポレートガバナンスに関する基本的な考え方と基本方針 (iii)　取締役会が経営陣幹部・取締役の報酬を決定するに当たっての方針と手続 (iv)　取締役会が経営陣幹部の選任と取締役・監査役候補の指名を行うに当たっての方針と手続 (v)　取締役会が上記(iv)を踏まえて経営陣幹部の選任と取締役・監査役候補の指名を行う際の、個々の選任・指名についての説明
補充原則4-1①	取締役会は、取締役会自身として何を判断・決定し、何を経営陣に委ねるのかに関連して、経営陣に対する委任の範囲を明確に定め、その概要を開示すべきである。
原則4-8	独立社外取締役は会社の持続的な成長と中長期的な企業価値の向上に寄与するように役割・責務を果たすべきであり、上場会社はそのような資質を十分に備えた独立社外取締役を少なく

図表2－3　コーポレート・ガバナンス報告書等での「開示」を求める諸原則　一覧（2）

原則	内容
原則 4-8（続き）	とも２名以上選任すべきである。 　また、業種・規模・事業特性・機関設計・会社をとりまく環境等を総合的に勘案して、自主的な判断により、少なくとも３分の１以上の独立社外取締役を選任することが必要と考える上場会社は、上記にかかわらず、そのための取組み方針を開示すべきである。
原則 4-9	取締役会は、金融商品取引所が定める独立性基準を踏まえ、独立社外取締役となる者の独立性をその実質面において担保することに主眼を置いた独立性判断基準を策定・開示すべきである。また、取締役会は、取締役会における率直・活発で建設的な検討への貢献が期待できる人物を独立社外取締役の候補者として選定するよう努めるべきである。
補充原則 4-11①	取締役会は、取締役会の全体としての知識・経験・能力のバランス、多様性及び規模に関する考え方を定め、取締役の選任に関する方針・手続と併せて開示すべきである。
補充原則 4-11②	社外取締役・社外監査役をはじめ、取締役・監査役は、その役割・責務を適切に果たすために必要となる時間・労力を取締役・監査役の業務に振り向けるべきである。こうした観点から、例えば、取締役・監査役が他の上場会社の役員を兼任する場合には、その数は合理的な範囲にとどめるべきであり、上場会社は、その兼任状況を毎年開示すべきである。
補充原則 4-11③	取締役会は、毎年、各取締役の自己評価なども参考にしつつ、取締役会全体の実効性について分析・評価を行い、その結果の概要を開示すべきである。
補充原則 4-14②	上場会社は、取締役・監査役に対するトレーニングの方針について開示を行うべきである。
原則 5-1	上場会社は、株主からの対話（面談）の申込みに対しては、会社の持続的な成長と中長期的な企業価値の向上に資するよう、合理的な範囲で前向きに対応すべきである。取締役会は、株主との建設的な対話を促進するための体制整備・取組みに関する方針を検討・承認し、開示すべきである。

（注）下線は「開示」を求める対象
（出所）東京証券取引所

ことを求めています。

この中で、開示すべき11の項目は、OECDのコーポレートガバナンス・コードにおける開示すべき項目に準じて決められたものです。OECDで開示すべき項目と日本のコーポレートガバナンス・コードの開示項目の対応関係を示したのが、図表2－4です。

全上場企業（ただし3月決算の企業のみ）は、これらの内容を2015年中にコーポレートガバナンス報告書において開示する必要があります。11の開示すべき内容は、大きく以下の6つに区分することが可能です。

①企業価値向上に結びつかない可能性のある株式保有や取引の説明
②企業価値に関連する情報開示の推進
③経営者の選任プロセスの説明
④取締役会の役割の明確化
⑤実効性の高い独立社外取締役の選任と活用
⑥株主との建設的な対話に関する方針

ここでは順番に、その開示の意図するところを説明します。

図表２－４　OCED開示項目との対応

OECD が求める開示項目	対応する原則
1．会社の財務及び経営成績	
2．会社の目標	（原則 3-1）（ⅰ）
3．主要な株式及び議決権	（原則 1-4）
4．取締役メンバーと幹部経営陣に対する報酬についての方針、並びに資格、選任過程、他の会社の取締役メンバーの兼任状況及び、取締役会によって「独立」と見なされているかどうかを含む取締役会メンバーについての情報	（原則 3-1）（ⅲ）、（ⅳ）、（ⅴ） （補充原則 4-1 ①） （原則 4-8） （原則 4-9） （補充原則 4-11 ①、②、③） （補充原則 4-14 ②）
5．関連者間取引	（原則 1-7）
6．予見可能なリスク要因	
7．従業員及びその他のステークホルダー（利害関係者）についての事項	
8．ガバナンスの構造と方針、特に、コーポレートガバナンス規範や方針の内容及び、その実施過程	（原則 3-1）（ⅱ）

（出所）筆者作成

①　企業価値向上に結びつかない可能性のある株式保有や取引の説明

（原則1－4）「いわゆる政策保有株式」と（原則1－7）「関連当事者間の取引」の2つの原則は、企業価値向上と結びつかないとの懸念が持たれる、他の企業との資本関係や取引について説明を求めるものです。特に政策保有株式については第3章でどのような説明をすべきか詳細に述べますが、一言で言うと、高い収益力を持たない他の上場企業の株式を保有することは、特別な理由がない限り許容されないという点につきます。

上場企業が株主から預かった貴重な資本は、企業価値を中長期で向上させるために使わなければなりません。保有により投資先企業に特別な貢献を行い、収益力を高めるといった、株主を含む他の利害関係者が納得のできる理由がなければならないということです。

関連当事者間の取引は、親会社や子会社といった、多くは5割以上の資本を持つ関係にある企業（支配株主）と他の利害関係者の利益を損なう利益相反に相当すると疑われるような取引をすべきでないという点を指摘したものです。強い資本関係を背景に、ビジネスプロセスの効率化を図るといった企業価値を高める利点があることは重要ですが、一方で相手先企業に有利な条件で取引するといった行為は、利害得失が明確に説明されなければならないということです。強い資本関係にある企業間の取引は、他の利害関係者から見て、その関係性を明確に理解することが難しいこともあるため、企業価値に関連する金額に換算したような目に見える形での説明が求められるのです。

② 企業価値に関連する情報開示の推進

（原則3－1）「情報開示の充実」では5つの情報開示が求められており、そのうちの2つ（「会社の目指すところ（経営理念等）や経営戦略、経営計画」と「コーポレートガバナンスに関する基本的な考え方と基本方針」）は、企業価値に関連する情報開示です。この2つの情報開示については、第3章で詳細に説明します。

③ 経営者の選任プロセスの説明

（原則3－1）「情報開示の充実」の残りの3つの情報、「取締役会が経営陣幹部・取締役の報酬を決定するに当たっての方針と手続」「取締役会が経営陣幹部の選任と取締役・監査役候補の指名を行うに当たっての方針と手続」「取締役会が経営者の選任及び指名の方針・手続きを踏まえて、経営陣幹部の選任と取締役・監査役候補の指名を行う際の、個々の選任・指名についての説明」は、経営者の報酬決定方針の説明と選任プロセスの透明性を高めることを求めています。

欧米企業に比べ日本企業の経営者報酬はあまり高くなく、欧米のような過度な成功報酬制度が批判される懸念は少ないこと、また企業経営者が報酬制度の変更で企業価値向上に邁進するとは当面考えにくいため、現時点では、選任プロセスの開示がポイントになると考えられます。これまで日本企業の多くが、経営陣幹部の選任プロセスに関して、開示が十分ではなく、中長期的に企業価値向上を実行できる能力のある経営者が継続的に選ばれているのかを外部から判断することが難しかったと考えられます。どのような開示が必要かは、第3章で説明します。

④　取締役会の役割の明確化

(補充原則4－1①）は「取締役会は、取締役会自身として何を判断・決定し、何を経営陣に委ねるのかに関連して、経営陣に対する委任の範囲を明確に定め、その概要を開示すべきである。」という内容で、取締役会の役割を明確にすることを求めています。日本の上場企業では3つの機関設計が許されており、取締役会が経営の執行機能と監督機能の両方を持っているケースと、監督機能を中心にしているケースの両方があり、その役割が投資家などから明確でない場合があるため、この開示が求められているのです。

特に、数の上では日本の上場企業の大多数[6]を占める「監査役会設置会社」では、取締役会が経営の執行機能を果たすことが会社法で定められています[7]。取締役会で執行機能と監督機能をどのように分離して整理しているのかを説明しなければ、投資家から見て取締役会が適切な監督機能を果たしているかどうか確認できないのです。（基本原則4）「取締役会等の責務」では、取締役会の重要な役割を監督機能と規定しています。したがって、（原則4－10）「任意の仕組みの活用」で述べられているような、経営陣幹部の指名委員会などの諮問機関を活用して、監督機能の強化を図ることが重要になります。監査役会設置会社が多数を占める日本の上場企業では、取締役会にいかに実効性の高い監督機能を持たせるのかが、コーポレートガバナンス改善での要の役割を果たすと考えられます。

⑤ 実効性の高い独立社外取締役の選任と活用

取締役会の役割の明確化、もっとはっきり言うと監督機能の強化を行うに当たって、独立社外取締役をどのように活用するかも重要な点であり、その内容を開示すべきとされています。（原則4－8）「独立社外取締役の有効な活用」、（原則4－9）「独立社外取締役の独立性判断基準及び資質」、（**補充原則4－11①**）「取締役会の全体としての知識・経験・能力のバランス、多様性及び規模に関する考え方の決定と、取締役の選任に関する方針・手続の開示」、（**補充原則4－11②**）「取締役・監査役がその役割・責務を適切に果たすために必要となる時間・労力を振り向ける必要性並びに取締役・監査役による他の上場企業の役員の兼任状況の開示」、（**補充原則4－11③**）「取締役会全体の実効性についての分析・評価及び結果の概要開示の必要性」、（**補充原則4－14②**）「取締役・監査役に対するトレーニングの方針の開示」が、実効性の高い独立取締役の選任と活用に関わる原則です。

いずれの項目も、取締役会が適切な監督機能を果たすためには、独立社外取締役という、内部の経営者だけでは持ち得ない、多様な視点を持つ人材を経営者の中に組み込み、さらに実効性の高い監督機能を果たすに足る人材を採用することを求めており、そのような人材を採用している証左を開示するように求めているのです。「独立社外取締役を2名以上選任する」という外形的な数合わせだけでは意味がないことをこれらの開示項目は示していると言

6　2015年3月末現在、数の上では東証上場企業の中で98%を占めます。

7　監査役会設置会社では、業務執行を行う者は取締役でなければならない、また重要な業務執行事項は取締役会で決議しなければならない、と会社法で決められています。

えます。

⑥　株主との建設的な対話に関する方針

最後の開示項目は（原則5－1）「株主との建設的な対話に関する方針」です。この原則は、株主（投資家）との対話が、企業の持続的な成長と企業価値貢献に資すると考え、彼らとの対話に関する明確な方針を立てることを求めています。補充原則にも含まれる項目は、投資家との対話を通じて、企業経営に活かせるポジティブなフィードバックが効くプロセスにすることを目指したものになっています。例えば、投資家と対話を行う企業側の適切な担当者を決め、どのような形で対話を行い、またその内容を記録し、次の対話にフィードバックするのか、といった細かなプロセスを決めることを求めています。

第5章「機関投資家との関係を変える」で説明しますが、このようなプロセスの前提となるのが、対話をする投資家の資質を見極めるという「プロファイリング」技術の向上です。コーポレートガバナンス・コードが求めている対話とは、すべての投資家に同じ内容の情報を提供するようなものではありません。投資家といっても千差万別、彼らが欲する情報には大きな差があります。企業経営者が対話すべきは、中長期の企業価値を真剣に評価する投資家だけです。短期の情報は、それを欲する短期の視点で投資を行う投資家に提供するなど、投資家の属性を見極めた対応を行わなければ、企業にとって手間がかかるだけで利点がありません。優れた投資家のプロファイリングによって、企業と投資家がＷｉｎ－Ｗｉｎの関係になることができるわけで、第５章でその方法について解説します。

第3章　企業はどのように対応すべきか

第2章で述べたコーポレートガバナンス・コードの5つの基本原則の中に繰り返し出てくる言葉があります。「会社の持続的な成長と中長期的な企業価値の向上」という言葉です。この言葉はコードの副題にもなっています。

この言葉は一見すると当たり前のことを言っているように思われますが、実は人によって、イメージする内容には大きな違いがあります。コーポレートガバナンス・コードをベースにコーポレートガバナンスをどのように改善すればよいかを考える上で、その言葉の意味を正確に理解しなければ、意図を読み違えることになります。まず、その意味するところを説明し、その後でコーポレートガバナンスをどのように改善していけば良いか、具体的に示してみたいと思います。

1 企業価値とは何か、成長とは何か

コーポレートガバナンス・コードの副題（会社の持続的な成長と中長期的な企業価値の向上のために）に入っており、コードの中で繰り返し出てくる重要な2つの言葉があります。「企業価値」と「成長」です。序章で簡単に説明しましたが、ここで企業価値及び成長の定

義を、より明確にしておきたいと思います。この理解がなければ、企業側のコーポレートガバナンスの改善努力は的外れなものになる可能性があるからです。

企業価値評価型投資とは

企業価値と成長をどうとらえるか。投資家や投資戦略によってその中身は異なりますが、ここでは中長期の企業価値を判断し、投資先企業を比較的長く保有する傾向の強い投資家を基準に考えたいと思います。彼らこそ、企業経営者が対峙すべき投資家であり、企業経営者にとっても有益な情報を提供すると考えるからです。そのような投資家の投資戦略を、「企業価値評価型投資」と呼ぶことにします。コーポレートガバナンス・コードへの対応は、この投資家を念頭に置いて考えるべきです。

企業価値評価型投資は、将来キャッシュフローを生み出す能力を見極める投資戦略で、特に中長期の企業価値の評価に焦点を当てています。この投資の特徴は、中長期的な企業の将来キャッシュフローを推計して企業価値を計算、現在の株価と比較して株価が大幅に割安な企業に投資をし、株価が企業価値を超えるまで保有を継続します。高いキャッシュフローを生成する能力を企業が維持できると判断すれば、10年以上保有することも珍しくありません。

米国ではバークシャーハサウェイ[8]という企業が、事業の1つとして上場株式投資を行っていますが、その投資戦略がまさにこのアプローチです。CEOのウォーレン・バフェットという名前は、投資に関心のない人でも一度は耳にしたことがあるのではないでしょうか。

彼らにとって、企業評価の上で最も重要であるのは、現在の高いキャッシュフローが将来も継続可能かどうかの将来機会の分析です。企業が長期的に安定したキャッシュフローを提供できる条件を備えているかどうかの判断基準は、一般的に言われる「優良企業」、ないし「高品質企業」と同じ基準です。定量的な指標としては、ROIC（Return on Invested Capital、投下資本利益率）などが採用されています。ROICは、事業に使われている資産（Invested Capital）のみから、どれだけの利益を生み出したかを表す指標です。本業の収益力を分析するために利用している投資家が多いのです。そして、その高いROICを維持できるだけの参入障壁の高さや忠誠心の高い顧客の存在、その維持を目指す経営陣の存在などの定性評価がこれに加わります。

企業価値の3つの構成要素

彼らは企業価値をどのように計算しているのでしょうか。企業価値の計算には様々な方法

$$(\text{企業価値})=$$
$$①\text{有形資産}+②\left(\frac{\text{ROE}}{\text{資本コスト}}\times\text{自己資本}-①\right)$$
$$+③\left(\frac{\text{ROE}-\text{資本コスト}}{\text{資本コスト}}\times\frac{\text{利益成長率}}{\text{資本コスト}-\text{利益成長率}}\times\text{自己資本}\right)$$

が存在しますが、ここではフランチャイズモデル[9]と呼ばれる計算方式を若干修正し、企業価値を①有形資産（Assets）、②持続的収益力（Earnings Power）、③利益を生む成長（Profitable Growth）、の３つに区分する方法で説明してみましょう。このモデルは上記の式で表されます。また３つの各構成要素の説明を図表３－１に記しました。

この式を正確に理解する必要はありませんが、式の中に３つの変数が入っていることだけは理解する必要があります。「資本コスト」「ＲＯＥ」「利益成長率」の３つです。この式から分かるのは、(1)ＲＯＥが高いほど企業価値が上がること、(2)ＲＯＥが資本コストを上回らないと成長しても企業価値が下がること、(3)利益

8　２０１４年末の総資産額５２６２億ドル、２０１４年の純利益約２００億ドル、損害保険会社から鉄道会社を含む巨大コングロマリット企業であるとともに上場株式への投資家としても著名です。

9　詳細については、『「市場」ではなく「企業」を買う株式投資』の第３章「脱市場投資のあり方」を参照。

図表３－１　企業価値を構成する３つの要素

３つのバリュー	前提条件	定義	内容
有形資産（Assets）	自由参入および競争優位性の不在を前提に計算	資産の再調達コストと定義。資産の再調達コストとは、現在最も効率的な方法で資産を入れ替える場合、競合他社が支払わなければならない金額と定義。	①現金・売掛金・棚卸資産 ②建物・機械装置 ③無形固定資産　等
収益力（Earnings Power）	現在の競争優位性が継続することが前提	①持続的に配当可能なキャッシュフロー（フリーキャッシュフローに近い概念） ②この水準は将来ずっと一定であり続ける	「収益力」と「資産」の差額がフランチャイズバリュー。フランチャイズの基は、競争優位性と参入障壁。判断すべき事項は、企業が現在、競争優位性を持っており、それが長期に亘り継続するかどうか。①ROEと②資本コストの比率で概算可能。
利益を生む成長（Profitable Growth）	バリューを作る唯一の事業拡大（成長）はフランチャイズに守られ、競争優位性を享受している市場（その場合のみに実現すると考える）	成長がバリューを持つという状況は、企業の収益力バリューが資産のバリューを大幅かつ持続的に上回るときに生じる。つまり大きなフランチャイズバリューが持続される場合にのみ生じる。	企業にフランチャイズ・競争優位性・参入障壁があるかどうか、またそれが持続可能であるかどうかを判断することが将来の「利益成長」を評価する際の中心課題。①利益成長率、②ROE、③資本コスト等から概算可能。

（出所）Bruce C.N. Greenwald、Judd Kahn、Paul D. Sonkin、Michael van Biema、『バリュー投資入門』、日本経済新聞社、2002年などより、筆者が作成

成長率が高いほど企業価値が上がること、の３つです。

まず式の①「有形資産」とは、貸借対照表に掲載されている、現金・売掛金・棚卸資産、建物・機械装置、無形固定資産などを指します。資産の再調達コストと定義されており、現在最も効率的な方法でその企業の資産を購入する場合、競合他社が支払わなければならない金額と定義できます。

②の「持続的収益力」とは、簡単に言うと現在の収益力が長期にわたって同じレベルで継続した場合に実現する企業価値になります。企業の差別化源泉が維持され現状の収益力が将来も長期にわたり継続するかどうかが鍵となります。例えば資本コストが５％の会社が10％のＲＯＥをずっと将来にわたって維持できるとすると、この持続的収益力から計算される企業価値は、自己資本のおよそ2倍（ＲＯＥ÷資本コスト）と計算されます。

現在の高いＲＯＥを企業が維持できるかどうかを判断することが各投資家の仕事になるわけですが、鍵となるのは企業の競争優位性や参入障壁の高さなどにあると考えられています。投資家が判断すべき事項は、企業が現在、競争優位性を持っているかどうかとそれが将来にわたって維持されるかどうかという点です。現在の競争優位性とは何がその源泉となっているのか、将来それが崩れる環境変化にはどのようなものが考えられるのか、競合他社は今後

運用会社名	企業選定基準の概要
C（続き）	↘企業のマージンは魅力的か、マージンは上昇するか低下するか）、④経営陣の資質（資本をどのように配分するのか（設備投資、配当や撤退戦略））、⑤バリュエーション（バリュエーションは魅力的か、なぜ市場はそれに気づいていないか）
D	①市場ポジション、持続可能なマージン、②競争優位に立てる構造、産業のダイナミックス、③価格リーダーシップ、コストコントロール、④キャッシュフロー、ROIC（cash return on investment）、⑤会計、バランスシート、運転資本、⑥経営陣の経験、トラックレコード、⑦フリーフロート、取引量、バリュエーション
E	①クオリティ（経営陣：誠実性・少数株主との利害の一致・スチュワードシップ・明確な戦略・革新性・リスクへの感度・経験に裏付けられた実行能力・多様な関係者に対する姿勢、事業フランチャイズ：ブランド力・市場シェア・価格決定力・競争優位性、財務健全性：資金調達戦略・キャッシュフロー創出・負債による資金調達の妥当性）、②利益成長（継続性：実質成長5～10%・中長期視点・明確な利益成長、変化：シクリカルな変化・経営陣の変化・事業再構築）、③バリュエーション（適正価格：多様なバリュエーション算出基準・適正価値の算定・株価レビュー目標・マクロ環境変化の影響度）

（出所）運用会社へのインタビューをもとに野村総合研究所が作成

大きく変化するのか、それはどのような環境下で発生するのか、など多面的な分析を行い、競争優位性の頑健性を評価しなければなりません。まさに投資家の腕の見せどころとなる分析となります。

③の「利益を生む成長」は、その名の通り現在よりも高い利益率を達成できた場合に実現される企業価値です。「成長」といっても、「売上高の成長」ではなく「利益の成長」です。あくまで利益成長が実現した場合にのみ、「利

図表3－2　企業価値評価型投資の企業選定基準の例

運用会社名	企業選定基準の概要
A	①利益率の高い企業（借入金に頼らない高いROIC、高い粗利益率：価格支配力、資本集約度の低いビジネスモデルによるFCF創出、強固なバランスシート）、②持続可能なROIC（無形資産：ブランド力、著作権、ライセンス、販売網等、支配的な市場占有率、安定した売上、地理的な分散、既存事業の相当な成長）、③ROICの維持に注力する経営陣（ブランド構築・維持のための創意工夫や投資を行う姿勢、ROICに着目する姿勢、規律ある資本活用、株主に有害な戦略的買収やインセンティブに注意）
B	①ビジネス見通し／戦略（業種の成長性を予見できる証拠、明確な経営戦略及び執行）、②経営チーム（モチベーション、経験、過去のトラックレコード（企業見通し等を通じ、投資家として彼らを個人的に信用できるか否か））、③財務（強力なバランスシート、透明性の高い財務開示）、④事業内容の透明性（クリーンな企業構造、透明性の高い収益（visible earnings）、年次報告書）、⑤株主価値へのコミットメント（経営者や利害調整を目的として運営せず、株主のために運営されているか）
C	①産業の魅力度（今後5年間に亘り十分売上を伸ばせる市場ポテンシャルはあるか、それ以降の見通しはどうか）、②企業の競争力（その企業の長期的な競争力はどこにあるのか、人的資源は他社より一貫して優れているのか・そうならばなぜどのように、なぜ顧客忠誠心が高く継続するのか）、③財務基盤の強さ（その↗

益を生む成長」の企業価値はプラスになります。より正確には、利益と言っても単に利益額が増えただけでは、この値はプラスにはなりません。投資した資本に対する利益額の割合、つまり利益率が資本コストを上回ること、さらにその利益率が上昇していることが、この値がプラスになる条件です。利益により増加していく投下資本に対して、現在よりも高い割合の利益額を生み出す投資をしてはじめて企業価値が上昇するという事

実を確認しておきたいと思います。

この式から分かることは、投資家が言う「企業価値」とは、ＲＯＥのような資本生産性の高さと利益成長を基準にしたもので、企業価値は資本コストを上回らないと下がるという点です。また投資家の言う「成長」とは利益成長だという点です。これが「企業価値」と「成長」の確認です。

図表３－２に、参考までにこのような企業価値評価型投資を行っている運用会社の企業選定基準を掲載しておきました。

2 取締役会の機能整備——投資家視点を踏まえ企業戦略に特化

前節で企業価値と成長について定義を行ったうえで、本題のコーポレートガバナンスの改善で重要なポイントについて説明したいと思います。まず重要となるのが取締役会です。特に、取締役会が「投資家からの受託者」としての立場を踏まえた機能を果たしているかどうか、企業戦略（企業価値に直結した戦略）に特化した監督機能を果たしているのかという点です。これらの観点からは以下の２点の体制整備・役割分担の整理が不可欠です。

①投資家からの受託者としての視点の重視
②株主総会・取締役会・経営会議の役割整理

① 投資家からの受託者としての視点の重視

投資家から見た、現在の日本企業の取締役会の大きな課題は、投資家からの受託者としての視点が取締役会に十分に反映されていない点です。ここで投資家というのは、企業価値評価型の投資家を想定しており、「投資家からの受託者としての」とは、「中長期の企業価値向上」という視点を踏まえた、という意味です。従業員や債権者を含む利害関係者の意見も取締役会の中に反映されるべきですが、「中長期の企業価値向上」の視点を重視することで、これらの利害関係者の利益にも適うことになります。コーポレートガバナンス・コードでは、「株主」という言葉で統一されていますが、正確には「長期視点で企業価値評価を真剣に評価している投資家」と言い換えるべきだと筆者は考えており、ここでもそのような投資家を念頭に置いて取締役会の機能を考えていきたいと思います。

投資家からの受託者としての視点を取締役会に反映する際に重要になるのが、独立社外取締役の役割です。（原則４－７）「独立社外取締役の役割・責務」に、独立取締役の４つの役割・責務が記載されています。①経営の方針や経営改善について、自らの知見に基づき、会社の持続的な成長を促し中長期的な企業価値の向上を図る、との観点からの助言を行うこと、②経営陣幹部の選解任その他の取締役会の重要な意思決定を通じ、経営の監督を行うこと、③会社と経営陣・支配株主等との間の利益相反を監督すること、④経営陣・支配株主から独立した立場で、少数株主をはじめとするステークホルダーの意見を取締役会に適切に反映させること、の4つです。

①は執行役員を含む経営陣が示した様々な投資案件等に対して、中長期の企業価値向上を図る観点からチェックを行うことを求めています。投資案件の作成は企業内部の経営者が中心になされると考えられますが、どの案件を進めるべきかについて、投資家の視点も踏まえて独立社外取締役が意見を述べることを求めています。

②では取締役会の最も重要な監督機能の1つと言える、CEOを含む経営陣幹部の選解任を含む意思決定を行うことを求めています。後で経営陣幹部の選任方針・手続きの項でも述べますが、企業内部の意見だけでなく複数の独立社外取締役の意見が反映された選解任プロセスは透明性が高く投資家からの納得性も得られやすいと考えられます。社長指名委員会など任意の諮問委員会を取締役会の下に置き、そのメンバーに複数の独立社外取締役を入れる

などの工夫も重要でしょう。

③の会社と経営陣・支配株主等との間の利益相反の監督は、日本企業によく見られる資本関係等をベースに他の利害関係者の不利益になるような取引や意思決定がなされていないかどうかを確認する役割を期待しています。独立社外取締役に期待されるのは、社内に存在する暗黙知とは一線を引き、物事の利害得失を客観的に判断する能力です。すべての意思決定において、利害関係者を平等に見る客観的な姿勢を貫くことが求められているのです。

④は、社外と社内のパイプ役を独立社外取締役に期待しています。もちろん多くの企業で、社内のＩＲ部門が中心となって投資家の意見を取締役会に反映させています。独立社外取締役に期待されるのは、企業内部の意見におもねらない、真に独立した立場から、外部の利害関係者の意見を取締役に反映する役割です。（補充原則４－８①）には「独立社外取締役は、取締役会における議論に積極的に貢献するとの観点から、例えば、独立社外者のみを構成員とする会合を定期的に開催するなど、独立した客観的な立場に基づく情報交換・認識共有を図るべきである。」との記述がなされており、いわゆるエグゼクティブ・セッションと呼ばれる独立社外取締役だけで構成される会議体を開催して、第三者の立場から、すべての利害関係者の利益に適う客観的な判断ができるように工夫を凝らすことを促しています。

以上4つのどの役割も、投資家からの受託者としての視点を反映したものと考えられます。

（原則4―8）「独立社外取締役の有効な活用」には「独立社外取締役は会社の持続的な成長と中長期的な企業価値の向上に寄与するように役割・責務を果たすべきであり、上場企業はそのような資質を十分に備えた独立社外取締役を少なくとも2名以上選任すべきである。」との記述があります。「独立社外取締役の2名以上選任」という条件は、複数の独立社外取締役が存在してはじめて、投資家からの受託者としての視点が取締役会で反映されやすくなるという意味を持っており、投資家視点を組み込む上での必要条件です。2名以上という条件は、取締役会の中で一定比率以上の独立社外取締役が存在しなければ、取締役会に投資家を含む様々な利害関係者の視点を組み込むことが困難だという事実認識に基づいています。1名の独立社外取締役では、社内の取締役からは孤立する場面も多く見られると予想されます。（原則4―8）「独立社外取締役の有効な活用」の中で、「自主的な判断により、少なくとも3分の1以上の独立社外取締役を選任することが必要と考える上場会社は、上記にかかわらず、そのための取組み方針を開示すべき」との記述がなされているのも、独立社外取締役の取締役会の中での割合が、投資家を含む様々な利害関係者の利害を取締役会に反映させる上で極めて重要であることを表しています。2名という最低レベルに留まらず、最終的には過半数以上の選任なども重要な検討課題であると思われます。

投資家視点を取締役会に取り入れる上で、独立社外取締役の資質も重要です。「独立社外取締役の2名以上選任」という外形基準は、あくまで最低限の条件であり、その条件を満たしただけで企業の中長期の企業価値を高めることができるというものではありません。「企業価値向上を図るという観点から助言を行う」という上記の独立社外取締役の役割は誰でもが簡単にできることではありませんが、詳細な業界知識が必要であるわけでもありません。細かな業務知識が必要なアドバイザリー機能ではなく、投資家の視点から企業価値向上に適った経営判断が行われているかどうかを確認するモニタリング機能を果たすことが期待されているのです。

例えば、他の企業で経営者として優れた実績をあげた経験のある人、中長期の企業価値を評価した経験のある優秀な元ポートフォリオマネジャーなど、実際の経営や投資に携わった人が適任と言えるのではないでしょうか。投資家視点に立った取締役会とするには、今後様々な条件整備が必要になるものと考えられます。

② 株主総会・取締役会・経営会議の役割整理

投資家からの受託者としての視点に立った取締役会が構成されることは、投資家から見た必要最小限の条件であって、それだけでは十分ではありません。（基本原則4）「取締役会等の責務」で示された取締役会の3つの役割・責務[10]は、独立社外取締役が果たすべき条件と重なりますが、独立社外取締役だけでその役割を果たすのではなく、取締役会全体としてその役割を果たすようにならなければなりません。取締役会が、企業戦略を含む本来の戦略的な方向付けを行う役割に特化するためには、株主総会・取締役会・経営会議の役割整理が必要です。

コード原案を作成した有識者会議でも、企業価値を向上させるための、株主総会、取締役会、経営会議の機能の役割分担が、日本においてまだ不十分なのではないかとの議論がなされました。

その一例が、株主総会への権限の集中です。法律の上では日本の株主の権限は米国などに比べて強く、株主総会では取締役の選任だけでなく、配当支払の決定等、実に様々な事項が株主総会議案となっています。株主が形式的には非常に強い権限を持っているように見えるわけです。しかし強い権限が、逆に機動的な財務戦略を妨げることにもなり、株主の実質的な権利を奪うことになっているとも考えられます。学術的には、「形式的ガバナンス」と「実質的ガバナンス」として区分されており、法的・形式的なルールと実態が大きく乖離しやすいことが知られています。

取締役会に投資家視点に立った機能が備わっているのであれば、現在は株主総会の権限となっている決定事項を取締役会に移譲すべきだと考えられます。例えば、配当の決定は現在の会社法でも定款を変えれば取締役会決議事項に変更でき、財務戦略等の機動的な発動によって、株主の利益に適う意思決定を行うことができるのではないでしょうか。年に1回しか開催されない株主総会で多くの議案を審議するのではなく、投資家に関連する議案を取締役会に委譲することで、取締役会を株主利益も考慮した、より中長期の企業価値に関連する戦略事項を議論する場に変えることができるはずです。

さらに、取締役会と経営会議の役割分担の整理も必要です。機関設計上、取締役会には執行機能を持たせざるを得ない場合も存在します[11]が、日本企業の多くで取締役会が執行機関

10　企業戦略等の大きな方向性を示すこと、経営陣幹部による適切なリスクテイクを支える環境整備を行うこと、独立した客観的な立場から経営陣・取締役に対する実効性の高い監督を行うこと、の3つです。

11　監査役会設置会社では、取締役会は執行の責任も負っています。

化しているケースも多いと聞きます。

例えば、本来は経営会議で審議すべき、金額の小さな案件まで取締役会に諮ることは避けねばなりません。業務執行に関わる案件はできる限り経営会議で議論し、取締役会の役割をもっと中長期の企業価値を考える戦略的な議案に絞り、取締役会を活性化させることが必要です。

3　機関投資家から見た必要不可欠な4つの情報

前節で述べたように形で、取締役会の機能を「中長期の企業価値向上」に焦点を当てたものに整備したとして、次に行うべきは、中長期の企業価値向上を目指すためのプロセスを開示することです。第2章で6つに分類した東京証券取引所の開示項目の中で、②企業価値に関連する情報開示の推進、③経営者の選任プロセスの説明、に該当するものです。企業価値に関連して、企業に求められる最も重要な開示情報は以下の4つです。

①企業理念及び企業価値向上に関する経営方針
②資本生産性の中長期目標

③②の目標達成に至るプロセス
④経営陣幹部の選解任方針・手続き

（基本原則3）「適切な情報開示と透明性の確保」と（基本原則5）「株主との対話」を徹底する上で不可欠の情報が、この4つです。なぜこれらの情報が不可欠であるのか、順番に説明していきます。

①　企業理念及び企業価値向上に関する経営方針

（基本原則3）「適切な情報開示と透明性の確保」で求められる情報の中で、企業を理解する上で最も重要な情報が「企業理念」です。経営者と従業員が何を共通の価値観に持って事業を行っていくのか、その企業理念がどの程度、企業に浸透しているのかを理解せずして、企業分析は始まりません。優れた成績をあげている企業では、企業理念が社員で共有されており、企業内の意思決定や行動の規範になっています。

マッキンゼーを世界有数の経営コンサルティングファームに育てたマービン・バウワーは、優れた企業に共通してみられる企業理念として、高い倫理規範の維持、事実に基づく意思決定、外部環境への適応と変化、実績に基づく評価、スピード重視の経営、の5つをあげています。時代が変わったとしても、企業が継続的に強靱な競争力を持ちうるかどうかを判断する上で、大変重要なものと考えられます。

企業理念に続いて開示すべきなのは、企業価値をどのようにとらえ、それをどう向上させていくのかについての基本的な経営方針です。この中には、例えばマトリックス経営等の事業運営の基本的考え方、コーポレートガバナンスの基本的考え方、何をＫＰＩ（Key Performance Indicator）として事業運営していくのか、中長期の経営目標として何を置くのか、企業価値向上に資する報酬制度の基本的考え方、経営陣幹部指名の基本的考え方など、企業価値に関係が深いと思われる情報を盛り込むことが重要です。

また繰り返し述べているように、投資家から見た企業価値は「資本コスト」を上回るキャッシュフローが生み出されてはじめて上がるものです。したがって、資本コストの基本的考え方や資本コストを上回る利益をあげる手立てが開示されなければ、投資家と企業価値向上に関する議論の中身に入れません。企業理念と企業価値向上に関する経営方針が開示されてはじめて、投資に値する企業かどうかを企業価値評価型の投資家は判断できると考えられます。

②　資本生産性の中長期目標

２番目に必要な情報は、資本生産性の中長期目標です。企業経営は資本生産性向上を目的に行っているのではなく、製品やサービスを効果的に生み出すプロセスを構築していくことで、結果として資本生産性が向上するものです。しかし、資本生産性の中長期的な目標がなければ、投資家を意識した企業経営にならないことも事実です。資本生産性向上は経営目的ではありませんが、結果としてクリアしなければならない経営上の１つの目標値としてとらえ、それを公表することが重要です。

資本生産性には、ＲＯＥ（自己資本利益率）、ＲＯＩＣ（投下資本利益率）、ＲＯＡ（総資産利益率）など様々な指標があります。ここで重要な点は、どの数値を使ったとしても、投資家が求める資本コストを上回る資本生産性を達成することです。絶対値そのものではなく、資本コストとの相対値で示すことが望ましいと考えられます。ＲＯＥを指標にするのであれば「株主資本コスト（株主の期待利回り）」、ＲＯＩＣやＲＯＡを指標とするなら「加重平均資本コスト（ＷＡＣＣ[12]、債権者も含めた資金提供者全体の期待利回り）」との差を最低限プラスにする数値を目標にすることが企業にとっての条件となります。

12　Weighted Average Cost of Capital の略です。

資本生産性の目標数値は、投資家が企業への中長期での投資を考える上で目安の1つとなります。特定の達成期限を示す方法、達成期限を定めないもしくは複数年にまたがる方法、数値を一定の幅で示す場合、具体的な数値として示す場合など、様々な開示の方法が考えられます。しかし数値目標を絶対的な目標と考え、それを達成することを目的化するのは決して正しい姿ではありません。

例えばＲＯＥに関し、伊藤レポート[13]では1つの目安として8％という数値を示す一方で、ＩＳＳ[14]は「過去5年間の平均ＲＯＥ5％」といった具体的な目標値を公表しています。これらの数値自体も確かに重要ですが、この数値目標を達成できるかどうかだけが投資家の関心事ではありません。投資家との対話においては、それをどのように達成したか、達成できなかったのかという、プロセスの内容まで開示されなければ、投資家と将来に関する建設的な議論ができないと考えられるからです。

③　②の目標達成に至るプロセス

そこで、企業経営者と投資家が資本生産性向上に関する議論を行う上で3番目の情報が必要となります。それが、中長期の資本生産性目標を達成するためのプロセスです。事業環境には大きな変化がつきものです。想定したシナリオ通りにいかないことは、いわば当然です。その場合、目標達成の手立てが十分に説明されなければ、なぜ達成できなかったのかを投資家が理解することができず、資本生産性改善に関する議論ができません。企業経営者と投資家の間で、フィードバックループが効いた建設的な議論を行う上で、このプロセスの説明は避けて通れないものと考えるべきです。

資本生産性を改善するプロセスを説明するには、まず改善のための手立てが企業内で整理されていなければなりません。現時点では、日本の企業経営者にそのような手立てが十分に浸透していないのではないかと思われます。図表3－3のように、資本生産性向上に関するツールキットを企業が整理しておくことが重要です。

資本の使い道には、主として5つの選択肢、資本調達には3つの選択肢があります。しかし、企業自らが資本コストや企業価値に関する明確な基準を持っていなければ、どの選択肢を組み合わせることが資本生産性を一番高めることができるのかを判断することはできませ

13　経済産業省が、伊藤邦雄一橋大学教授を座長として2014年8月にまとめた「持続的成長への競争力とインセンティブ～企業と投資家の望ましい関係構築～（伊藤レポート）」を指します。

14　Institutional Shareholder Services の略、議決権行使等の助言会社の1つです。

図表3－3　資本生産性向上のツールキット一覧表

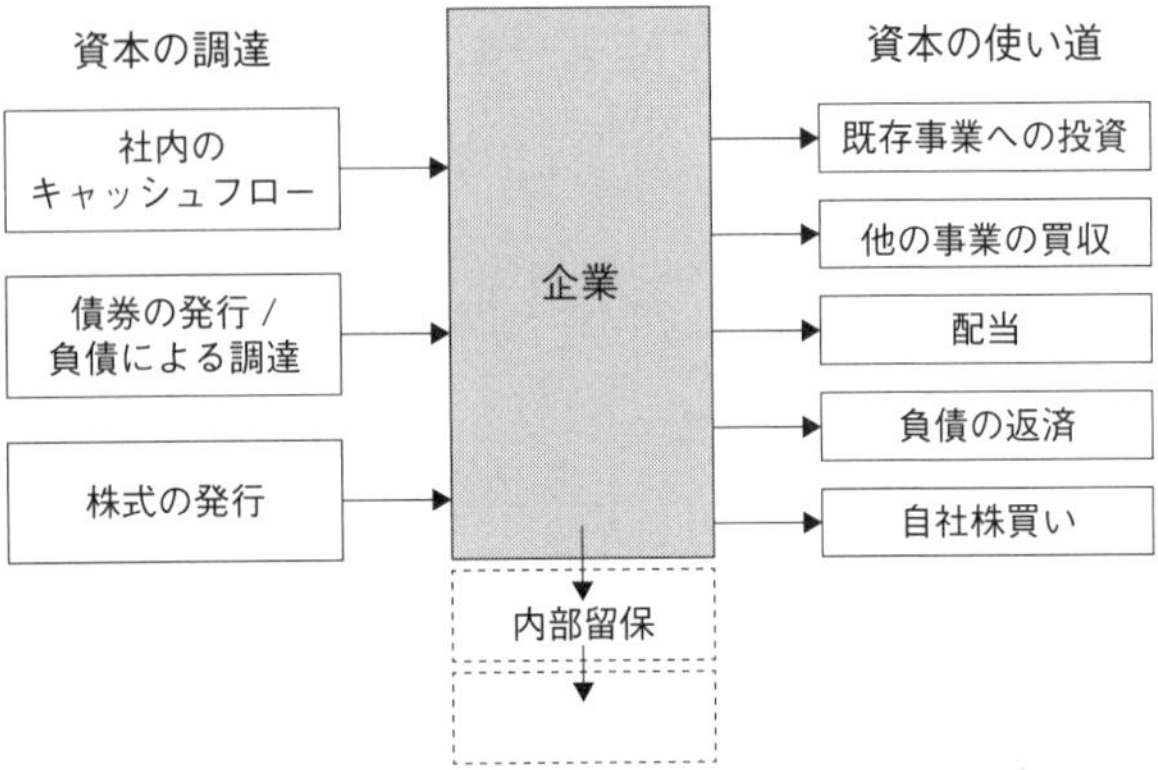

（出所）みさき投資株式会社

ん。

例えば、自社株買いを行う企業が最近増加していますが、1株当たりの企業価値がいくらかを理解していなければ、自社株買いの妥当性を評価することは困難です。株価が1株当たりの企業価値より高ければ、自社株買いを行うことは株主の利益を損ねることになるからです。バークシャーハサウェイの取締役会は、「自社の株価が本質的価値（企業価値）よりも低いと判断される場合にのみ、自社株買いを承認する」と決めています。自社株買いひとつ取ってみても、企業価値を推計するという作業が企業にとって必要になるのです。

いわゆる株主還元策は、各企業が自らの置かれた事業環境、事業戦略に基づいて、図表3－

3のような選択肢の中から、どのような組み合わせによって企業価値を高めることが最適なのかを経営者が判断できなければ決定できないはずです。例えば、「配当性向」は株主還元策で非常に重要な指標と考えられているようですが、果たしてどのようなプロセスで決められているのでしょうか。配当性向という概念は企業価値評価型の投資家にとってほとんど意味がありません。真の企業価値評価型の投資家であれば、企業に資本コストを上回るキャッシュフローが期待できる投資先がある場合という前提条件付きですが、稼いだ利益は100％企業価値が上がる投資に回してほしいと考えるはずです。どの事業に投資することが最も利益が上がるかという判断は経営者にすべて任せて投資をしているからです。その判断を経営者に任せ企業価値が上がってくれれば、株式保有により中長期的に株価も結果的に上がります。したがって、経営者が判断する、最も利益が高いと思われる事業に、100％その利益を投資してもらうのが正しいのです。

ただし、経営者が考えて高い利益が上がる投資先がないのであれば、投資家に対して様々な利益還元の方法があり得ます。しかし、その判断はあくまで中長期の企業価値を向上させるという観点からなされるべきであり、配当性向を業界平均が30％であるから30％以上にするとか、過去ずっと30％を継続してきたのでその水準を維持する、といった考え方は適切ではありません。企業価値向上の観点から見て適切な総配当性向が100%以上の企業もあるでしょうし、0%の企業もあるはずです。

図表3－4で確認できるように、欧米の企業では日本企業で見られるような配当性向についての正規分布の山は見られません。欧米企業で一番大きな配当性向の山があるのは「ゼロ」と「100%以上」という両極端の部分です。日本では、このような正規分布の山が存在すること自体が、日本企業の資本生産性向上に対する知識レベルの改善余地の大きさを表しているのではないでしょうか。

また資本生産性を分解して、より詳細なプロセスの説明を試みることも重要と考えられます。例えば、資本生産性を、売上高純利益率（マージン）・売上高回転率（ターンオーバー）・財務レバレッジに分解し、それぞれどの水準を目標とするのか、その水準を目標とする理由は何か、経済環境が変化した場合に各指標のブレはどの程度だと見込みどのような手順で改善させていくのか、等々の説明をすべきだと思われます。このような説明を行えば、環境変化が生じた際に、プロセスのどこに課題があったのかを振り返ることができるからです。

様々な利害関係者の間で、企業理念が共有されていれば、これらの目標値をどのような水準にすべきかを円滑に決定できる可能性が高まります。例えば、財務レバレッジ比率は、債

図表3－4　日米欧企業の配当性向の比較

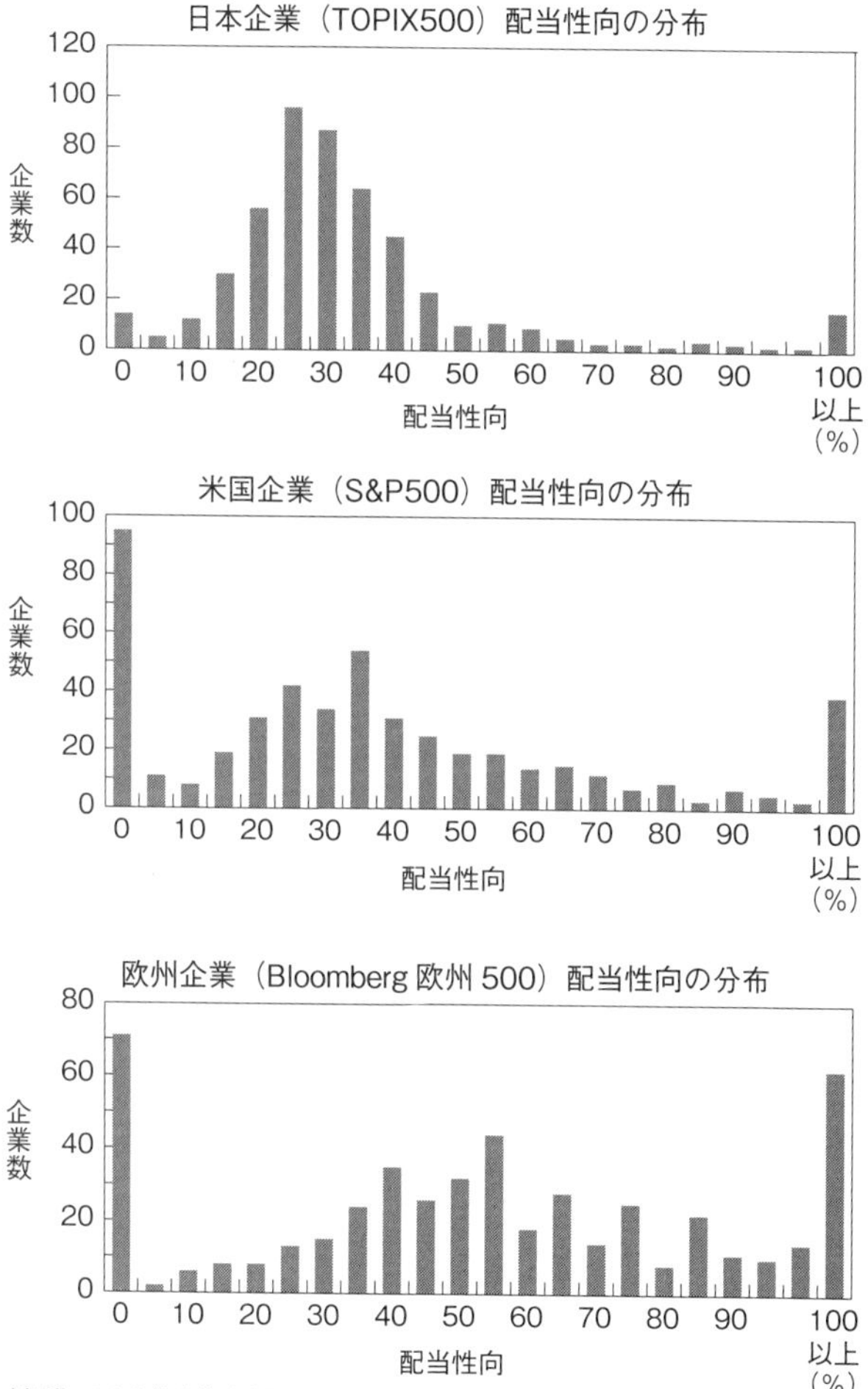

（出所）みさき投資株式会社

権者と株主の間で最適水準のレベル感に意見の違いがあるでしょう。企業価値を中長期的に高めるため、どの水準が債権者と株主の妥協点なのかを経営が決める際、企業理念が共有されれば議論がスムーズに進むのではないでしょうか。資本生産性とは直接関係しませんが、どの程度の労働分配率の水準が企業価値を高める上で適切なのかを議論するにも、企業理念を共有していることが重要です。

〈原則1－3〉「資本政策の基本的な方針」の策定は、まさに、資本生産性を改善するための基本的な考え方を示すものだと考えられます。このようなプロセスの議論ができる情報提供がなされることで、投資家と企業価値を上げるための建設的な議論ができると思われます。

資本生産性向上のプロセスを説明する責任者は、最高財務責任者（CFO）です。CFOは資本生産性向上の方法やプロセスを熟知していることはもちろんのこと、CEOや独立社外取締役などと連携をとりながら、そのプロセスの妥当性を常にチェックしつつ、対外的な説明責任を果たす必要があります。

これまで述べた3つの情報と中期経営計画との関係を、どのように考えておけば良いでしょうか。日本の上場企業の中には中期経営計画を策定しなかったり、しても公表しない企業がかなり多く見受けられます。社内用に作成していてもそれを公表しないケースも多いのではないでしょうか。中期経営計画の内容は企業によって様々ですが、一般的には、中長期の売上高や営業利益率、最近はＲＯＥも目標値として示す場合が増えています。また戦略的な部門は個別に数値目標を出しているケースもあります。グローバル化を重要な経営目標としている場合には、グローバルでの売上高や比率といった数値を掲載することもあるでしょう。

日本企業の中期経営計画の多くは、①と②を述べただけで、③のプロセスが示されていないように思われます。目標値だけでなく、その目標を達成するためのプロセスが、中期経営計画でも書かれることが望ましいのではないでしょうか。

④ 経営陣幹部の選解任方針・手続き

企業理念、企業価値向上に向けた経営方針、資本生産性の中長期目標、それを達成するためのプロセスが明確になった場合、投資家が注目する最後のポイントは、そのプロセスを経営陣が果たして忠実に実行してくれるかどうかです。それを確認する重要な情報の１つが、経営陣幹部の選解任方針・手続きになります。

日本企業の経営は中長期視点に立ったものだと言われますが、果たしてそうでしょうか。筆者は、経営陣幹部の選解任プロセスが十分に開示されておらず、選ばれた経営陣幹部が中長期の企業価値向上を達成するに足る資質を備えているのかどうか、また逆に解任された経営陣幹部がその任を全うできない適切な理由があったのか判断できないケースも多くあると思います。例えば選任プロセスでは、日本では現在のCEOが後継CEOを実質的に選んでいる場合が多いように思われます。中長期にわたって利益が資本コストを下回っている企業のCEOが、後継CEOを選ぶことは、投資家から見ると正当化できないと考えるべきです。企業価値を毀損してきたCEOのみの判断で次のCEOを選べば、継続的に企業価値が破壊されることになりかねません。

また、3年や5年といった一定期間を定めて経営陣幹部の交代を定期化している企業も多いように思われます。本来、CEOを含む経営陣幹部の選任は、中長期的にその企業の企業価値を高められる人材が社内外から登用されるべきです。企業価値を継続的に向上させるという観点からすれば定期的な交代ではなく、優れた成績を残した経営者は当然長期にわたる在任期間となるでしょう。

投資家から見た、経営陣幹部選解任のポイントは、選解任される経営陣幹部が果たして、中長期の企業価値を上げる能力があるかどうか（解任の場合はなかったかどうか）という点にあります。したがって、選任プロセスの中で経営陣幹部候補者が、まずどのような資質を持っているかを確認できなければなりません。次に、その候補者たちがどのようなプロセスで選ばれているかを確認できなければ、最善の経営陣幹部が選ばれているのかを確かめられないはずです。

この点で、日本企業の経営陣幹部の選解任プロセスの多くが、情報開示において不十分と言わざるを得ないのではないでしょうか。経営陣幹部は企業内部の人だけで選解任するのではなく、外部の意見も取り入れた上で、選解任プロセスを決定し情報開示しなければ投資家からの納得性は低いと思います。

取締役会の下に指名委員会を設けて、経営陣幹部の選解任に関する権限を委譲するといったプロセスは透明性が高く、投資家からの納得性も高いと考えられます。指名委員会の設定は、監査役設置会社を含む3つの機関設計いずれでも実現可能であり、その活用を検討することが重要だと考えられます。（原則4－10）「任意の仕組みの活用」は、そのような考え方を整理したものととらえることができます。

4　政策投資に対する説明責任

政策投資を開示する理由

上場企業に期待したい最後のポイントは、政策投資の内容の開示です。6つに分類した東証券取引所の開示項目の中で、①企業価値向上に結びつかない可能性のある株式保有や取引の説明、に対応します。上場企業が他の上場企業を保有することを、なぜ投資家を含む利害関係者に説明しなければならないのでしょうか。大きく2つの理由があると考えられます。

1つは、誰もが投資できる上場企業に事業会社として大切な資本を使って投資をする意味が理解しにくいこと、もう1つは、投資先企業の経営に対して議決権行使等を含む手段で経営監視する投資家としての責任を上場企業が果たしていない可能性があることです。

まず上場株式は、お金さえあれば投資家は誰でも購入できます。わざわざ他の上場企業が貴重な資本等を使って購入するには特別な理由が必要です。投資家が上場企業へ投資をする目的は、事業から高い収益を得られ、その収益を通じて投資家に高いリターンがもたらされると期待できるからです。投資家の立場からすれば、投資している上場企業に、自分で投資できる他の上場企業を持ってもらう必要はないわけです。上場企業が他の上場企業を保有するには、投資家自らが投資する場合とは異なる特別な理由がなければなりません。そうでなければ投資家の納得は得られません。特に「純投資」だけでは十分な収益が期待できない場合（資本コストを下回るようなケースです）、詳細な説明が必要になります。

他の上場企業を保有するのには様々な理由が考えられます。事業提携を含む包括的なビジネス関係があり、株式保有を通じて投資先企業の事業にも関与し企業価値を高めることができるケースはその代表的な例です。場合によっては多数株主となって、インサイダーとして経営に直接関与するケースもあるでしょう。投資家がアウトサイダーとして、ただ単に上場企業を保有している場合と異なる付加価値を生み出すことになるわけで、事業戦略上、重要な意味を持つ例です。

このケースでは、投資家が行う「純投資」としての収益、つまり投資先企業に経営を委託して手に入れることができる収益とは異なる、「相手先企業の企業価値を向上させることにより得られる収益」を投資家は期待できます。企業秘密に該当しない範囲で、将来のキャッシュフローに何らかの形で換算して、その収益を説明することができれば、投資家も納得がいくのではないでしょうか。

政策投資の内容を開示すべき第2の理由は、投資先企業に対する株主としての責任を果たしていない懸念を払拭できないからです。例えば、投資先企業に対して、株主総会でどの議案にも無条件で賛成するようなケースを考えてみましょう。上場企業が相手先の上場企業からビジネスを獲得するために株式保有を持ちかけられるといったケースが典型的な事例です。これは事業収益に貢献する見返りとして、株主としての責任を放棄することに他なりません。いわゆる安定株主と言われるケースであり、このような事例が多いため、日本の上場企業の経営規律が緩むことにつながっているとの批判があります。

例えば、中長期の企業価値向上に資する真っ当な株主提案をある機関投資家が行ったとしても、安定株主が反対して、その案が採用されないことがあります。安定株主の存在が、日本の上場企業の経営規律を緩めている典型例です。他の投資家からみてもこの行為は投資の価値を下げることになり、投資先企業の少数株主の利益を損ねていることになります。

事業収益での貢献があるからといって、投資先企業に対して株主としての責任を果たさないことは、上場企業として許されないと考えるべきではないでしょうか。政策投資においても、議決権行使を含む投資先企業に対する責任をどのように果たしているのかを開示することが不可欠です。それができないのであれば、政策投資を止めるのが本筋です。

政策投資も資本配分の1つ

経営者の仕事は、大きく「資本配分」と「事業運営」に分けることができます。資本配分とは、どの事業に資源を配分するのかという問題であり、政策投資も資本配分の1つと考えることができます。業種や事業特性により上場株式投資の重要性には大きな差があると考えられますが、資本配分の一部分であることには変わりはありません。唯一特殊な点は、他の投資家でも投資が可能だということです。これまで説明したように、投資家でも可能な上場株式への投資を他の上場企業がわざわざ行う理由は何か、投資家責任をどのように果たしているのかを明確に説明することが求められているのです。

政策投資とともに開示項目に入っているのは、(原則1－7)「関連当事者間の取引」です。経営者や親会社や子会社のような強い資本提携関係がある企業との間で、企業の利益を損なう取引が行われているのではないかと懸念を払拭できないため、開示項目とされています。親会社・子会社のように強い資本提携関係にある場合、特別に良い条件で取引が可能になるかもしれませんが、逆に不利になる契約も結ぶ可能性もあります。一方的に不利な契約が結ばれているのであれば、他の利害関係者の不利益につながっている恐れがあります。このような関連当事者間の取引は、当事者以外の株主を含む他の利害関係者の不利益になっていないことを示すことが不可欠なのです。

5　コーポレートガバナンスの情報開示の実際

コーポレートガバナンスの改善に関してこれまで述べてきたことを、企業が対応したと仮定して、その内容をどのように情報開示していけばよいでしょうか。実際の手順を考えてみたいと思います。

①　情報開示方法の概要

本書のタイトルでもあるコーポレートガバナンス・コードは、コーポレートガバナンスの改善を考えるガイドラインの役割を果たしており、コードの開示基準に沿った情報公開をまずは検討すべきだと考えられます。その開示方法を確認しておきます。

第2章で述べたように、コーポレートガバナンス・コードの内容は、東京証券取引所の定める、企業行動規範の「遵守すべき事項」として規定されています。11の開示項目及び「コンプライ・オア・エクスプレイン」の「エクスプレイン」については、コーポレートガバナンス報告書で説明する必要があります。

11の開示項目に関して、東京証券取引所はコーポレートガバナンス報告書の中で、他の開示・公表書類における記載場所を明示することにより、記載に代えることができるとしています。コーポレートガバナンス原則[15]や統合報告書[16]を含めた関係書類の中に関連記載がある場合は、参照場所を示すことで、報告とすることができることを意味します。したがって、コーポレートガバナンスに関する情報の入口はコーポレートガバナンス報告書ですが、関連する情報はコーポレートガバナンス報告書の中だけに留まらず、様々な場所にまたがって記載される可能性が高いと考えられます。投資家から見ると、コーポレートガバナンスに関連する情報が様々な場所に開示されることになり、一覧性という点でやや難があることも確か

15　コーポレートガバナンス原則とは、（原則３－１）「情報開示の充実」の(ii)「本コードのそれぞれの原則を踏まえた、コーポレートガバナンスに関する基本的な考え方と基本方針」に該当するものです。すでに多くの上場企業で、各社の事情に応じて様々な形で開示が行われています。

16　投資家を含む利害関係者に対して、財務情報や非財務情報の関連性を分かりやすく、比較可能な形で取りまとめることで、企業価値に関する情報を一元的にとりまとめた書類を統合報告書と呼びます。

です。ただし、現時点でコーポレートガバナンス原則や統合報告書を開示している企業の数はあまり多くなく、大多数の企業はコーポレートガバナンス報告書にすべての情報を書き込むことになると思われ、あまり懸念する必要はないのかもしれません。

② あるべき開示情報の考え方

コーポレートガバナンス報告書にコーポレートガバナンスに関連する内容をすべて記述する場合もそうでない場合も、コーポレートガバナンスの内容は、自らが考える企業価値向上の方針に沿って記述すべきと考えます。東京証券取引所のルールにしたがう必要はありますが、コーポレートガバナンス・コードの順番に正確に沿って内容を記述する必要はありませんし、逆に避けるべきであると思います。投資家の関心は、企業価値向上の視点からコーポレートガバナンスがどのように整備されているかを確認することです。したがって、企業自らが考える企業価値向上の方針に沿った内容の記述が重要なのです。

企業価値評価型の投資家が理解しやすいのは、(1)コーポレートガバナンスの基本的考え方、(2)各ステークホルダーへの対応の基本方針、(3)コーポレートガバナンス体制の考え方、の3つです。ただしこれはあくまで一例であり、必ずしもそのような内容である必要はなく、企業自身の考え方を反映させることが最も重要です。

(1) コーポレートガバナンスの基本的考え方

まず、企業理念と企業価値向上に関する基本的考え方を記述すべきです。コーポレートガバナンスの前提となる、企業そのものがよって立つ基本的な考え方が示されて初めて、コーポレートガバナンスの内容が、企業価値向上に結びつくものなのかを判断できるからです。コーポレートガバナンス・コードの中では、（原則３－１）「情報開示の充実」の(i)会社の目指すところ（経営理念等）や経営戦略、経営計画がこれに該当すると考えられます。

(2) 各ステークホルダーへの対応の基本方針

本章では投資家からの受託者の視点を重視した情報開示の内容を示しました。資本生産性の中長期目標やその目標達成に至るプロセスを、最低限必要な情報として示したわけです。（原則１－３）「資本政策の基本的な方針」がそれに対応するものと考えられます。また資本生産性の向上に関連して、本章の第４節「政策投資に対する説明責任」で述べた事項も明示しなければなりません。

投資家以外への対応も内容を記述する必要があります。（基本原則１）「株主の権利・平等性の確保」に示されている、株主総会への対応方針や政策保有株式への対応、買収防衛策の考え方など、各ステークホルダーを適切に扱う基準やそのための手順を明確に示すことが必要です。

(3) コーポレートガバナンス体制の考え方

本章の第2節「取締役会の機能整備――投資家視点を踏まえ企業戦略に特化」で示した、取締役会の機能をいかに投資家からの受託者の視点を踏まえた内容にしているかを明示する必要があります。第3節「機関投資家から見た必要不可欠な4つの情報」のうち、④経営陣幹部の選任方針・手続きもこの中で説明すべきです。この内容は、株主総会の招集通知の文章の中にも含めるべき内容であると考えます。

以上3つの内容の情報開示が行われることが重要だと考えられます。ここで示したコーポレートガバナンス内容の開示は、コーポレートガバナンス報告書ですべて開示するという方法も考えられますし、「コーポレートガバナンス原則」「統合報告書」「株主へのレター」などで示すこともできるのではないでしょうか。

③　社内体制の整備

コーポレートガバナンスの内容の情報開示で、もう１つ企業が考えるべき重要な点は、企業内部での組織化だと考えられます。図表３－５で示したように、情報開示を行う社内部署は非常に数が多く、社内部署をどのように束ねて内容を記述するか、悩んでいる企業も多いと思います。各部署はそれぞれの目的が異なり、１つの部署でコーポレートガバナンスの情報開示すべてに対応することは不可能です。

〈原則５－１〉「株主との建設的な対話に関する方針」で述べられているように、「会社の持続的な成長と中長期的な企業価値の向上に資するよう」コーポレートガバナンスが整備される必要があります。この目的を果たす上で、法務部門が情報開示の主担当になることは考えられません。企業価値評価型の投資家の関心は、企業価値が中長期的に上がる企業かどうかを見極めたいという点です。

このような投資家への情報開示を行い、また窓口になり得るのは、やはりＣＥＯを含む経営陣幹部、取締役会の中で投資家の代表になり得る独立社外取締役、また企業内部で企業価値の考えをある程度理解している部署である経営企画部ではないでしょうか。その人たちが主たる窓口になって、トップマネジメントの意見が十分に反映されたコーポレートガバナン

図表3－5　コーポレートガバナンス・コードに対応する様々な部署

部署	業務の目的意識・価値観	主な経歴	対話での基本姿勢	会社内での位置づけ
IR	資本市場からの企業評価の向上	経営管理・財務・広報	企業内での位置づけ、担当者の経歴で大きく異なる	企業内慣習と異なる考え方を持つ人達
SR（株式）	法的瑕疵のない実務運営、トラブルのない株主対応	総務・法務	会社を株主の攻勢から守るという姿勢	法的専門性を持ち会社の組織体制を守る人達
CSR	社会からの企業評価の向上 社内のCSR意識の向上	幅広い	重要性を認識する人達にもっと質問してほしい（社内の意識を高めたい）	経営の本流でない。認識が低くフラストレーションがある
財務・経理	健全な財務、適切な経理処理	財務	守りの姿勢（財務戦略に口を挟まれたくない）	金庫番（多くの企業では保守的な担当）
法務	法的瑕疵のない業務運営、法的トラブルによるダメージを避ける	法務	株主等との対話意欲は少。価値向上意識も小。しかし価値破壊リスクに関して敏感	SRよりも担当範囲は広く、法的専門性を持ち組織・体制を守る
経営企画	会社を動かす売上・利益の拡大	幅広い（エリート）	経営戦略・事業展開に口を挟まれたくない	優秀かつ企業内慣習に最も適した人達

（出所）野村総合研究所

スの内容になることが正しい情報開示の姿だと考えます。

　中長期の企業価値に関連づけられたコーポレートガバナンスの内容を書くには、社内で経営企画部が中心になることはもちろんですが、機関設計の対応等を含めると、経営企画部だけで問題は閉じず、ＩＲ部門や法務部門等いろいろな部署から情報連携されて、対応するべきだと思われます。

第4章

【先進企業のケーススタディ】
オムロンとエーザイの対応

では実際に上場企業はどのような対応を行っているのでしょうか。ここではオムロンとエーザイの例を取り上げ、コーポレートガバナンス改善に対する方針策定や実際の事業活動との結びつきを確認しておきたいと思います。オムロンは、コーポレートガバナンス報告書の他に、「コーポレートガバナンス・ポリシー」を２０１５年６月の取締役会で策定し、そこにオムロンとしてのコーポレートガバナンスに関する考え方をまとめています。一方、エーザイは、統合報告書にコーポレートガバナンスを含む企業価値に関連する事項をまとめて記述し、投資家が企業価値を包括的に理解できるようにしています。

オムロンのケース

１　ＲＯＩＣ（投下資本利益率）を経営目標に据える

オムロンは、１９３３年創業、「センシング＆コントロール技術」をコア技術に置き、制御機器・電子部品事業などを営む東証１部上場企業です。直近決算期である２０１５年３月期の売上高は８４７０億円強、ＲＯＥ13・5％、ＲＯＩＣ13・４％となっています。

オムロンは2015年6月の取締役会で「コーポレートガバナンス・ポリシー」を承認し、公表しました。まず投資家に対して説明されている文章の中から、オムロンの企業理念及び企業価値向上の考え方を示しておきたいと思います。

① 企業理念

オムロンは企業理念について、根本的な部分は全く変更していませんが、時代やビジネスの変化に合わせて何度も表現に改定を加えており、本書執筆時点の直近では2015年5月に改定しています。その企業理念では、Our Mission（社憲）を「われわれの働きで、われわれの生活を向上し、よりよい社会をつくりましょう」（創業者立石一真が「企業は社会の公器である」とした言葉を分かりやすい言葉としてまとめたもの）とし、経営のスタンス（社員が大切にする価値観）として、①長期ビジョンを掲げ、事業を通じて社会的課題を解決します、②真のグローバル企業を目指し、公正かつ透明性の高い経営を実現します、③すべてのステークホルダーと責任ある対話を行い、強固な信頼関係を構築します、の3つを挙げています。

ここで述べられた基本的価値観を経営者と従業員が共有し、事業が運営されている点が最初のポイントです。しかしこれだけでは抽象的で、この企業理念がどのように企業価値向上に結びついているかは定かではありません。

② 企業価値向上の基本的考え方

投資家から見て重要な点は、企業が継続的に企業価値を向上させていくために、企業理念をベースにどのような経営戦略を立てているかにあります。オムロンは企業価値を向上させるために経営のモットーと事業の特徴を説明した上で、企業価値向上の取り組みを説明しています。

経営モットーは「事業を通じてイノベーションを起こし、世の中が必要とする商品やサービスをいち早く提供することによって社会的課題を解決し、グローバル社会の発展に貢献する。そして、企業として持続的な成長を達成する。」としています。さらに事業の特徴を、『企業は公器である』という企業理念のもと、『オートメーション・安心・安全・環境・健康』という事業ドメインにおいて、『センシング&コントロール技術』を成長エンジンとして『社会が潜在的に抱えるニーズ』をいち早くとらえ、『グローバルに、かつフェアな』事業運営を目指す。」こととしています。

そして、長期視点で経営の舵取りを行い、事業価値・株主価値・ブランド価値をバランスよく高めるために、企業価値向上において下記の事項を重視して経営を行っているとしています。

①確固とした経営理念に基づく経営
②透明性・実効性の高いコーポレートガバナンス
③事業部門制を前提としたマトリックス経営
④ＲＯＩＣをＫＰＩとした事業ポートフォリオ運営
⑤10年の長期ビジョンと中期経営計画の開示（特にＲＯＩＣ、ＥＰＳ〈１株当たり利益〉、キャッシュフローの使途）
⑥自発的な情報開示に基づくステークホルダーとの建設的な対話（「エンゲージメント」）
⑦取締役会に対する報酬面での短期・中期業績連動インセンティブ付与
⑧経営陣・社員一丸となった経営理念・事業戦略の共有

ここには筆者が第３章で述べた、企業に期待したい開示項目がほぼ網羅されています。透明性・実効性の高いコーポレートガバナンスに関しては、コーポレートガバナンス・ポリシーで説明します。

ＲＯＩＣをＫＰＩとした経営は、ＲＯＩＣを要因分解し、その項目ごとに具体的な数値目標を設定、現場レベルまでつながった、ＰＤＣＡ（Plan－Do－Check－Action）サイクルが実現するような運営の仕組みが構築されています。またＲＯＩＣと売上高成長率の2軸でビジネス領域を区分し、経営者が適切な投資資源配分を行えるように工夫をしています。

2　体系的なコード対応の内容

ＲＯＩＣを経営目標の1つにして、オムロンが企業価値向上に対しどのような経営を行っているのかを説明してきました。このような経営を行っているオムロンは、コーポレートガバナンス・ポリシーを2015年6月に制定し、「コーポレートガバナンス」という軸から、経営の考え方を公表しています。コーポレートガバナンス・ポリシーは、総則、ステークホルダーの関係、情報開示の充実、コーポレートガバナンスの体制、の4章からなり、別途資料として「株主との建設的な対話に関する基本方針」と「社外役員の独立性要件」を示しています。簡単にその内容を説明します。

総則

総則では、「目的およびコーポレート・ガバナンスに関する基本的な考え方」が示されており、その中で、先ほど説明した「企業理念」と「経営のスタンス」が説明されています。この2つの考え方に基づき、持続的な企業価値の向上を実現するために、コーポレートガバナンス原則が制定されていることを述べています。第3章の第5節「コーポレートガバナンスの情報開示の実際」で述べたように、企業価値向上を目指すためコーポレートガバナンスの整備を行うべきとの基本的考え方が示されているのです。

ステークホルダーの関係

ここでは、投資家だけでなく、すべての利害関係者との関係について基本的考え方が網羅されています。①株主等との関係、②従業員との関係、③顧客との関係、④取引先との関係、⑤社会との関係、の5つに分けて、各利害関係者とどのように関係構築を図っていくかが述べられています。

例えば、①株主等との関係では、(1)株主総会、(2)株主の権利の確保、(3)株主との建設的な対話、(4)資本政策の基本的な方針、(5)政策保有株式に関する方針、(6)買収防衛策、(7)関連当事業者間の取引の防止、の7項目について詳細な説明が行われています。コーポレートガバナンス・コードの**（基本原則1）**「株主の権利・平等性の確保」の内容をほぼすべて網羅した記述となっているのです。株主総会の項目では、「株主総会を最高意思決定機関と位置づけ、株主の十分な権利行使期間を確保し、株主が適正に権利行使できる環境を整備する」と述べられており、その目的を果たすため、次のような具体的な対応を行うと明記しています。投資家から見て、権利行使を行う条件が整理されており、非常に参考になる情報だと思われます。

- 株主総会を、いわゆる「集中日」の3営業日以上前に開催
- 招集通知は、株主総会開催日の3週間以上前に発送
- 招集通知の発送に先立ち、その内容を、日本語版、英語版ともに、証券取引所、議決権電子行使プラットフォーム、ウェブサイト等へ、株主総会開催日の1カ月程度前に公表
- インターネットによる電子行使の導入や議決権電子行使プラットフォームの利用を通じて、株主の議決権行使の利便性を確保
- 信託銀行等の名義で株式を保有する機関投資家等が、株主総会において議決権行使等の株主権の行使をあらかじめ希望する場合は、信託銀行等と協議等を実施。なお、当該機

関投資家等が株主総会の傍聴を希望する場合、あらかじめ所定の手続きを経たうえで、株主総会会場内での傍聴を認める。

情報開示の充実

ここでは、情報開示の基準を「公正かつ透明性の高い経営の実現」として積極的に情報開示を行うことを宣言しています。具体的には、会社法や金融商品取引法等の規則の遵守だけでなく、自社で定めた社内基準も遵守して、財務および業務に関する情報を適時適切に開示するとしています。

コーポレートガバナンスの体制

この部分は全体で最も多くの記述がされており、取締役会を含むオムロンの機関設計の全体像が示されています。項目としては、①機関設計、②取締役会、③監査役会、④会計監査人、⑤取締役及び監査役、の5項目が上げられ、それぞれ詳細な記述がなされています。

例えば、①機関設計に関して、会社法上の機関設計として監査役会設置会社を選択した上で、取締役会の機能を補完するため、人事諮問委員会、社長指名諮問委員会、報酬諮問委員会、コーポレート・ガバナンス委員会を設置し、監査役会設置会社に委員会設置会社の優れた面も取り入れたハイブリッド型の機関設計を構築して、その機関設計を機能させることがうたわれています。

②取締役会の記述は、コーポレートガバナンスの体制の中でも最も長い説明が行われています。説明は、(1)取締役会の役割・責務、(2)取締役会の構成、(3)取締役会議長、(4)内部統制、(5)諮問委員会等、の5つの項目に分かれています。

(1)取締役会の役割・責務の中では、「取締役会は、取締役・監査役・執行役員の選任、取締役・執行役員の報酬の決定、および重要な業務執行の決定等を通じて、経営全般に対する監督機能を発揮して経営の公正性・透明性を確保する。」と記述されています。

その監督機能を発揮させるため、(2)取締役会の構成の項目で、「監督と執行を分離し、取締役の過半数を業務執行を兼務しない取締役によって構成すること、取締役会における独立社外取締役の割合は3分の1以上とすること、取締役会の傘下に、取締役・監査役・執行役員の人事に関する人事諮問委員会、取締役・執行役員の報酬に関する報酬諮問委員会を設置すること」などが説明されています。

さらに、「監督機能上の最重要事項である社長の選任等に特化した社長指名諮問委員会を設置し、社長指名諮問委員会の委員長は独立社外取締役とし委員の過半数を独立社外取締役とする」とされています。

オムロンの取締役会の大きな特徴は、取締役会の下に４つの委員会を設け、独立社外取締役が、代表取締役社長（ＣＥＯ）を筆頭とする執行機関を監督する強い権限を有している点にあります。取締役会議長は会長が務め、ＣＥＯと分離しています。さらに上記の４つの委員会はすべて独立社外取締役が委員長を務め、ＣＥＯはいずれの委員会にも属していません。コーポレートガバナンス委員会は、全員が独立社外取締役です。経営陣幹部の選任方針・手続きは、上記の２つの委員会で社外の目から高い透明性を持って説明されており、投資家の視点に立った取締役会の機能が確立していることは明らかです。

海外からあまり評価の高くない監査役会設置会社ですが、オムロンはその欠点を克服するための様々な工夫を行っていることが理解できます。上記の記述はコーポレートガバナンス・ポリシーのごく一部ですが、この内容を読んで、企業価値向上という目的の前では機関設計の差はあまり重要な事項ではないと思うのは筆者だけでしょうか。オムロンのコーポレートガバナンス・ポリシーを読むと、企業価値向上という目的の大切さを再確認できると思います。

エーザイのケース

1　統合報告書での開示

エーザイは、１９３６年創業の医薬品メーカーです。２０１５年３月期の売上は約５千５百億円、ＲＯＥは７・７％です。医薬品業界は、新薬開発の競争が激しく、また調査研究から新薬開発に至るまでのリードタイムが長いなど、その競争優位性を判断し、企業価値を評価することが相対的には難しいと考えられています。そのような業界の中で、エーザイは統合報告書において、利害関係者にできる限り企業価値を正確に評価できる情報を提供しようとしている点が特徴です。

統合報告書とは、国際統合報告審議会（International Integrated Reporting Council、ＩＩＲＣ）が定めた、財務諸表や非財務諸表を束ね、企業価値に関わる情報をすべて一元的に閲覧できることを目指したレポートと言えます。内容は、企業概要・ビジネスモデル、リスクと機会を含む事業活動の状況、戦略目標および当該目標を達成するための戦略、ガバナンスと報酬、業績、将来の見通し、などを主要な構成要素としており、第３章で述べた、筆者が企業に期待する情報開示の内容とよく似ています。

エーザイの統合報告書の特徴をいくつか挙げると、以下のようになります。

①企業理念の重要性の主張

②企業理念と企業価値の関係を、IIRCが提示した6つの資本（知的資本、製造資本、人的資本、社会・関係資本、自然資本、財務資本）をどう活用して企業価値向上を行っているかという形で説明

③財務資本の説明の中で財務戦略を明確に説明しROE経営や株主還元策の意図を明確化

④コーポレートガバナンスの体制強化の内容と実効性の説明

いずれの項目も、企業価値と密接に関連した項目であり、企業価値向上という視点を強く意識した内容になっていることを確認できます。

他の上場企業にも参考になると考えられる内容について、簡単に説明していきます。

第一のポイントは、企業理念の重要性を明確にしていることです。エーザイの企業理念は、「患者様とそのご家族の喜怒哀楽を第一義に考え、そのベネフィット向上に貢献する」ことです。この企業理念は、会社の定款にも盛り込まれており、この企業理念を社員1人ひとりに浸透させせようと考えています。この企業理念を企業価値に関連づけるため、エーザイでは

バランスト・スコアカード[17]と呼ばれる手法を活用し、最終的には財務の視点を中心に企業価値との関係を把握することで、投資家への企業価値向上のルートを説明する形をとっています。

財務戦略は、持続的な株主価値向上に関係する3つの方針、つまり成長回帰のための積極投資、安定配当方針、グローバルIR戦略という3つに分けて、説明をしています。グローバルIR戦略は、積極投資と安定配当方針を投資家に正確に伝える役割を果たします。積極投資では、グローバルブランドの育成やアジア・ストラテジック市場の拡大などに触れられていますが、投資ではハードルレートを設定し、企業価値の向上を踏まえた厳格な投資基準を設定していることも説明されています。

財務戦略の説明ではさらに10年以上前からROE経営に取り組んでいたこともあり、ROEを売上高純利益率（マージン）、財務レバレッジ、売上高回転率（ターンオーバー）に分解し、それぞれの目標レベル及びその改善のための施策を説明しています。例えば、売上高回転率の改善では、CCC（キャッシュ・コンバージョン・サイクル[18]）管理による運転資本の管理に加え、土地や有価証券等の資産売却、棚卸資産の圧縮などの資産の効率化を図ると述べられています。

コーポレートガバナンスについては、エーザイは企業価値最大化の礎になるとの考え方をかなり以前から持っており、2000年から社外取締役選任を始め、2004年に指名委員会等設置会社（当時は委員会設置会社）に移行するなど、日本企業の中でも最先端を走ってきた企業です。エーザイのコーポレートガバナンスの基本は、①経営の監督機能と業務執行機能の明確な分離、②社外取締役の独立性・中立性の確保、③継続的なコーポレートガバナンス・コード充実のための仕組みの検討、の3つです。

取締役会はすでに過半数が社外取締役で占められており、取締役議長とCEOの分離、取締役会議長に社外取締役を指名、指名委員会・報酬委員会・監査委員会はすべて社外取締役を委員長とする、そのうち指名委員会・報酬委員会を全員社外取締役とするなど、徹底した監督と執行の分離を図っています。社外取締役の活用はかなり進んでいますが、コーポレートガバナンスの改善をさらに進めるため、社外取締役だけからなる、通称エグゼクティブ・セッションと呼ばれるミーティングを開催し、コーポレートガバナンスの現状やあるべき姿

17 バランスト・スコアカードとは、業績評価システムとして開発された経営管理手法の1つです。

18 キャッシュ・コンバージョン・サイクルとは、仕入れから販売に関わる現金回収までの日数を意味し、この数値が短いほど、資金調達額を少なくすることができます。

を議論する場を設けています。

コーポレートガバナンスを実現する指針として、「コーポレートガバナンス・ガイドライン」を制定し情報開示を行っています。コーポレートガバナンス・コードの制定に伴い、2015年中には新たなガイドラインを作成する予定です。

このようにエーザイは、統合報告書の中で、第3章で筆者が期待した情報がほぼすべて網羅されていることになります。コーポレートガバナンスに関わる開示には、様々な方法が考えられると思いますが、エーザイのケースでは、統合報告書を見れば、投資家はコーポレートガバナンスを含む企業価値に関連するかなり幅広い情報を手に入れることができるわけです。

2　キャッシュフローに換算することの意義

もう一点、エーザイの情報開示で注目すべき点が、「キャッシュフロー」という投資家の視点を重視していることです。例えば、エーザイは「顧みられない熱帯病の一つ（治療薬の単価が安く製薬会社として採算が合いにくい）」といわれているリンパ系フィラリア症を制圧するため、治療薬「ジエチルカルバマジン（DEC）」22億錠を２０２０年まで世界保健機関（WHO）に無償で提供する契約を締結しています。

一見、社会貢献活動だけのように思われますが、そうではありません。このような医薬品アクセス向上への取り組みの活動は、経済成長や中間所得層の拡大による将来の新たな市場形成への長期的な投資ととらえています。非常にラフな推計ですが、熱帯病の治療薬での貢献により、治療薬の提供先の国でのエーザイの認知度が上がることで、潜在的な顧客から生み出される長期間のキャッシュフローに換算して活動をとらえているのです。つまり、企業理念である「ヒューマン・ヘルスケア」と結びつけた社会貢献活動でありながら、必ず「収益」という視点からとらえた説明を行っているということです。

このような「収益」を意識した説明は、資本政策の説明などでも他企業が参考にすべき事例ではないでしょうか。

第5章

機関投資家との関係を変える

ここまで、コーポレートガバナンスを改善するために上場企業が自律的に何をしなければならないかを説明してきました。もう1つ、上場企業が自律的に変えるべき点が、機関投資家との関係です。

本来、優れた投資家は上場企業にとって、事業内容を冷静に分析し、時により適切なアドバイスもくれる貴重な存在のはずです。しかし日本の上場企業の多くは、機関投資家の投資戦略に対する理解が十分ではなく、中長期の企業価値に関する建設的な議論ができていないのではないでしょうか。機関投資家との関係をどう変えていけば、彼らに独立社外取締役や外部コンサルタントのような有益な役割を果たす存在として活躍してもらえるのでしょうか。東京証券取引所の定める開示内容の1つ、**(原則5－1)**「株主との建設的な対話に関する方針」を定める上でも、機関投資家との関係の変革が不可欠になります。

1　様々な機関投資家が存在する

投資家の特徴を理解する

一言で言うと、企業はこれまで機関投資家をあまり区分せずに対応をしてきたのではないかと思います。現時点では、上場企業は四半期の業績開示を義務づけられており、四半期ごとの決算説明会で必ず投資家と対話をしています。

決算発表会に出席している投資家はどのような投資家でしょうか。彼らは企業の詳細に通じ、四半期の業績予想に長けていると考えられます。しかし、企業の中長期の企業価値評価は得意ではなく、市場の四半期予想と自分の予想の差を基に短期的な売買によりリターンをあげている可能性もあります。

一方、第３章で述べた企業価値評価型の投資家は、四半期の決算説明会にはあまり出席していないように思われます。投資家の投資戦略をよく理解しておかないと、決算説明会での投資家の質問がすべての投資家の主たる関心だと勘違いしてしまうことになりかねないのです。

株主総会に対応する場合にも、様々な投資家が存在することを念頭に置くことが重要です。大手の運用会社の多くは、株主総会での議決権行使を担当する専門の部署を持っています。彼らは運用会社全体で保有している１千を超える数の企業への対応を、総会議案が開示されてからの極めて短期間で行うことを余儀なくされており、１社１社の議案を詳細に分析する時間に限りがあります。そのため、形式的な確認で議案への賛否を決めるかもしれません。

また、彼らの決定がそのまま運用会社の最終決定になるかどうかも分かりません。運用会社の投資チームの責任分担の仕方は様々で、ポートフォリオマネジャーが別の最終判断をすることもあるからです。

企業価値評価型の投資家とは

その中で企業価値評価型の投資家は、そもそも投資対象としている企業数があまり多くないため、それぞれの議案を詳細に検討する時間を持っています。また議案の賛否は、あくまで中長期の企業価値向上に貢献するかどうかという視点のみから判断します。外形的な基準などあまり気にとめていません。

このように、機関投資家には様々な投資戦略が存在するとともに、投資チームの役割分担も多様ですので、各機関投資家の詳細なプロファイリングを行わない限り、投資家への適切な対応を行うことができないのです。機関投資家との関係を変えるというのは、まさに投資家のことを今のレベルよりももっとよく知ることに他なりません。

2 「長期保有」と「長期視点かつ企業価値重視」を区別する

長期保有は本当にメリットか

投資家をよく知るという観点で上場企業が最初に考えなければならないのは、「長期保有」と「長期視点かつ企業価値重視」の区分をするという点です。この区分がうまくされていないため、投資家との関係をうまく築けていないのではないでしょうか。「長期保有」という言葉は、コーポレートガバナンス・コードの中にも頻繁に出てくる言葉ですが、正確には「長期視点かつ企業価値重視」と置き換えるべきだと思います。

「長期保有」という投資家の属性は、いわば企業が投資家に期待する「願望」のようなものです。企業は長期保有してくれる投資家に株式を持ってもらいたいと考えています。このような投資家が大多数であれば、彼らが経営をサポートしてくれ、企業は安心して長期的な視点から事業運営を行うことができると考えているからです。

この認識は正しくないと思われます。真に経営をサポートしてくれるのは、長期の企業価値を分析した上で、現在の経営陣が価値向上を成し遂げると信じ投資をしている投資家のはずです。企業経営者が自ら議論をするのは、このような投資家であるべきです。このような投資家が、「長期視点」を持ち、かつ「企業価値評価に注力する」投資家です。彼らこそが企業の長期戦略に関心を持ち、企業価値を見極めるために事業内容を真剣に把握しようと考えています。彼らは、企業が置かれた競争条件をグローバルな視点から見極めようとしており、グローバルな土俵で戦っている企業の経営者と同じ目線で事業をとらえています。

企業価値評価型投資は長期保有とは限らない

しかしこのような投資家は、必ずしも「長期保有」であるとは限りません。確かに、中長期の企業価値評価を行う投資家は、企業価値向上が見込める企業を割安な株価で購入し、株価が彼らの考える企業価値に上昇するまで我慢強く持ち続ける傾向が強いため、長期保有であることが多いことは事実です。ただ、そのような投資家でも、投資信託の運用を行っている場合は、個人からの売却が多く運用資産が減れば、株式を売却しなければなりません。また、顧客に対して高いリターンを提供しようと考えている投資家は、より魅力的な企業（想定する企業価値に比べ株価がかなり低い企業を指します）が見つかれば、株価が上昇した段階で一定割合の株式を売却するかもしれません。このような投資家は、平均すると売買回転

図表５－１　長期視点で企業価値を評価する投資家はどこにいるのか

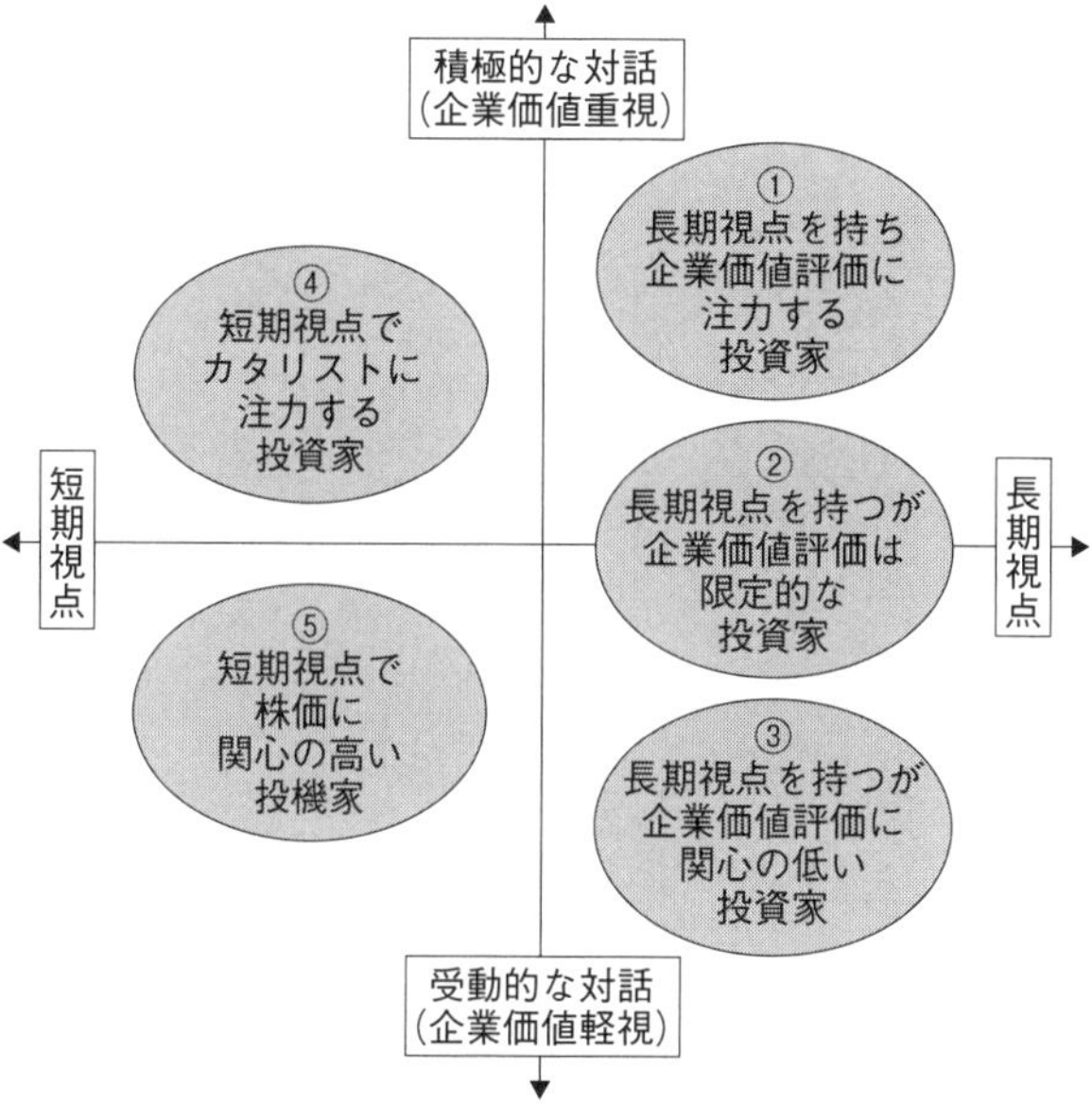

（出所）筆者作成

率は低いのですが、株価動向や他社比較の状況次第で時として売買回転率が上昇することがあるのです。

このような投資家は、四半期の業績予想にはあまり関心がありませんし、短期の配当政策にも興味がない場合も多いと思われます。中長期の企業価値を評価する場合に重要なのは、短期の業績や財務戦略ではなく、その企業が中長期的に競争優位性を保てるかどうかだからです。

つまり、企業が投資家の属性として期待している「長期保有」や「短期業績まで含めた詳細まで知っている」という点を、企業価値評価型の投資家に求めることができるかどうかは、よく分からないということになります。

図表5－1に、投資家をどのように区分すべきかの一例を示しました。企業経営者が議論の相手をし建設的な対話ができる投資家は「①長期視点を持ち企業価値に注力する投資家」、図表5－1の右上のゾーンの投資家が主だと考えられます。この投資家こそが、企業経営者が対峙すべき相手です。この投資家とそれ以外の投資家は、企業から取得したいと考える情報が大きく異なるのではないでしょうか。経営者が語る、経営戦略等の中長期の企業価値に関する情報を主に欲しているのは、①長期視点を持ち企業価値に注力する投資家だと考えられるのです。

3　投資家をプロファイリングする方法

それでは次に、投資家をどのようにプロファイリングしていけば良いのかを考えてみたいと思います。企業が行う機関投資家のプロファイリングは、経営陣幹部が会うべき投資家を

図表５－２　企業価値評価と視点の長さからみた機関投資家のプロファイリング例

	投資家の類型化	典型的な投資家像	対応すべき担当者
長期視点	①長期視点を持ち企業価値評価に注力する投資家	企業価値評価型投資、エンゲージメント型投資	ＣＥＯ、ＣＦＯ、取締役等の経営責任者
	②長期視点を持つが企業価値評価は限定的な投資家	パッシブ投資	IR 責任者 SR 責任者
	③長期視点を持つが企業価値評価に関心の低い投資家	典型的な持ち合い株式	対応の必要なし
短期視点	④短期視点でカタリストに注力する投資家	多くの伝統的な運用会社	IR 担当者
	⑤短期視点で株価に関心の高い投資家	ヘッジファンド等	IR 担当者

（出所）筆者作成

正確に見極めるプロセスと言えます。図表５－２は、筆者が考える機関投資家のプロファイリングです。企業の立場で考えると、株主総会対応もあり、自社株式の保有比率によって優先順位をつけるケースが多いと思います。議案を通すためには、保有比率の高い投資家への対応は重要ですが、それはあくまで株主総会対応にとどめるべきであり、企業経営者が対話をすべき相手としての優先順位づけは、別の基準で行うべきでしょう。

長期視点の投資家にも３種類

経営陣幹部が対話すべき相手は、長期視点を持った投資家です。そこには３種類の投資家が存在します。①長期視点を持ち企業価値評価に注力する投資家、②長期視点は持つが企業価値評価は限定的な投資家、③長期視点を持つが企業価値評価に関心の低い投資家、の3種類です。株式保有は、「海外投資家」「個人投資家」「事業会社」等に分類されて、その比率が公表されていますが、そのような分類は投資家のプロファイリングにはあまり適さないと思われます。ここでは図表5－2の区分にしたがって考えたいと思います。

この3種類の長期視点の投資家の中で、相対的に最も保有比率が高いのは、「③企業価値評価に関心の低い投資家」です。この中に分類されるのは、戦略的な意味合いの薄い、広義の「安定株主」です。純投資を目的としない政策投資の場合、投資先企業の企業価値評価にはあまり高い関心を持っておらず、経営陣幹部が対話すべき相手とはなりません。

次に保有比率が高いのは「②企業価値評価は限定的な投資家」です。これにはいわゆるパッシブ運用の投資家や生命保険会社の多くが属すると思われます。この投資家は一般的に時価総額比率にしたがって大多数の上場企業を保有しています。保有している企業数が多く、投資している個別企業の分析にあまり時間をかけることができません。企業の立場からすると保有比率が高く優先順位が高いのかもしれませんが、経営陣幹部が対話すべき投資家ではないように思います。

しかし、ここに分類される投資家にも最近変化が見られます。前述した日本版スチュワードシップ・コードへの受け入れ表明が、彼らの投資行動に影響を与え始めているのです。これまでこの投資家たちは、投資先企業に対してあまり注文をつけない投資家でした。年金ファンドから運用委託を受けた運用会社の場合も、運用報酬率が低く、調査コストをかけられなかったことも原因の1つであったと思います。

ところが最近、限られたコストの中で、時価総額が大きく、収益が資本コストを長年にわたって下回っているような企業に限定して、対話を行うことでリターンを向上させる試みを始めた運用会社が現れています。日本版スチュワードシップ・コードへの受け入れ表明を契機に、自らの受託者責任を強く意識し、リターンを上げる努力をしていきたいと考える投資家は今後も増加してくるでしょう。特に、時価総額の大きい、低資本生産性の上場企業にとって、彼らはこれまであまり対話を希望することは多くなかったと思われますが、今後は対話を希望してくるケースも増えるのではないでしょうか。

経営陣幹部が対峙すべき最も重要な投資家は、言うまでもなく「①企業価値評価に注力する投資家」です。一般的に、日本企業から見ると彼らの投資規模はあまり大きくなく、保有比率が限定的になりがちで、優先度が高くないように思われます。しかし、このような投資家こそが経営戦略等を含む企業価値に関連する項目を深く分析し、企業経営に対して最も関心の高い投資家です。彼らとの対話が、企業にとって最も実り多きものになることは間違いありません。

現在、自社の株式を保有していなくても、このような投資家とは対話を継続すべきです。過去、自社の業績が良い時に株式を保有していたこともあったが、業績が思わしくなくすでに売却したというようなケースもあるでしょう。彼らはグローバルな視点を持ち、業界の競争条件を常にモニタリングしています。彼らとの対話から、自分たちの知らない貴重な情報を引き出すことができるはずです。しかし、彼らと継続的に会うためには、自らも有益な情報を提供することが不可欠です。自社の経営状況を彼らにアップデートすることを含めて、彼らの投資に参考になる情報の提供が必要です。ギブ・アンド・テイクの関係でなければ、関係は長持ちしないでしょう。

カタリスト注力型の見分け方

一方、短期視点の投資家には2種類の投資家がいます。図表5－2では、④短期視点でカタリスト（きっかけ）に注力する投資家と、⑤短期視点で株価に関心の高い投資家です。

保有比率の上では多数派を占める彼らの主たる関心は、四半期の業績予想を含む短期項目であり、経営陣幹部が対応する必要はないと思われます。四半期の業績発表を経営陣幹部が行わない企業も海外では多くあります。日本でも投資家の関心にしたがって、対応する担当者を区分している日本企業も増えています。これは投資家を不公平に扱っているのではなく、投資家に関心の高い情報に応じ対応するというごく自然な行為です。日本企業も、投資家の欲する情報にしたがって、対応する部署やスタッフを変えるというきめ細かな活動を行うべきではないでしょうか。

短期視点の投資家の中で、企業が注意しなければならないのが、「④カタリストに注力する投資家」です。この投資家は、一見するとそのような投資家かどうかよく分かりません。「ファンダメンタル分析をベースに企業価値を評価することに注力する」と外部に説明しているケースが多く、「①長期視点を持ち企業価値評価に注力する投資家」と誤解されることがあるからです。本物の企業価値評価に注力する投資家と、どうやって区分すればよいのか、ここでその見分け方を説明したいと思います。投資家がどのような投資戦略を採用しているかを理解しないと、彼らに適切な情報を提供できず、お互いにとってミスマッチが起こり、時間の無駄が生じます。

彼らの特徴を3つ挙げると、「ベンチマークの過剰意識」「過剰な分散投資」「カタリスト型投資」です。機関投資家のほとんどは、ベンチマークと呼ばれる評価基準のポートフォリオがあり、リターンでそれに勝たねばなりません。そのため、ベンチマークの構成企業の中で、ベンチマークと比べ相対的にリターンが高いと予想する企業をベンチマークでの構成比率に比べオーバーウェイト、リターンが低いと思う企業をアンダーウェイトすることで、超過リターンを得ようとするのが第一の特徴です。ベンチマークを意識しすぎて、企業選択よりもベンチマークとの相対ウェイトの上げ下げに注力する傾向があります。

第一の特徴から第二の特徴が導かれます。それは「過剰な分散投資」です。筆者の基準では、100企業以上を保有していれば、かなり分散度合いが高く、大規模な運用会社を除けば個別企業の内容を詳細にフォローすることは大変だと思われます。リターンがベンチマークに比べ大きく劣後すると、顧客から投資口座を解約される恐れがあります。そのため、あまりベンチマークと異なるリターンにならないよう、投資先企業の収益見通しについて明確な見通しを持っているか否かにかかわらず、ベンチマークの構成企業をある一定割合持とうとする傾向が強いのです。そのために保有企業数がかなり多くなります。

第三の特徴は、何かのカタリスト（きっかけ）を基準に売買を行う傾向があることです。

基本的に購入した株価よりも高い株価で売却するためのカタリストを探すアプローチです。投資期間も比較的短くなります。カタリストは様々な要因が考えられますが、投資家の期待の変化に基づくものが多いのが特徴です。

投資家の期待の変化は、各種のバリュエーション指標で測定するのが一般的な方法です。例えば、ＰＥＲ（株価を１株当たり利益で割った指標）は代表的な指標です。ＰＥＲは１株当たり利益の何倍のお金を、その株式を買うために支払うかを示しています。投資家のその企業の将来に対する「期待」を表した指標です。このＰＥＲは、人々の企業に対する「期待」が変化することで短期的に大きく変化することが知られています。

期待が大きく変化するのは、企業が四半期業績を発表する時です。特に大きく株価が上下するのは、投資家のコンセンサス予想に対して実際の業績が大きく異なった場合です。これは中長期の企業価値に大きな変化がなくても、短期の視点から投資家の期待が変わることによって引き起こされていると考えられます。したがって彼らは四半期の業績予想に高い関心を示します。業績発表は最も一般的なカタリストを起こす場なのです。

最近は、増配や自社株買いなど、株主還元策の発表によっても大きく株価が変化することがあります。他の投資家の企業への期待を変化させ短期で売り抜けるためだけに、このような株主還元策を要求する投資家も存在するため、注意が必要です。増配や自社株買いが長期の企業価値に影響を及ぼすかどうかは、企業が持つ事業機会や株価と企業価値の相対値などによって異なります。したがって、企業はこのような「長期視点をもったフリをしている」投資家を、長期視点に立った投資家と冷徹に区別する必要があるのです。

4　日本版スチュワードシップ・コードは機関投資家情報の宝庫

コードへの署名内容をみる

企業が投資家との関係を変える上で、参考にすべき情報として、2014年2月に適用が始まった日本版スチュワードシップ・コードへの受け入れ表明内容があります。日本版スチュワードシップ・コードへの受け入れ表明を契機に、これまで企業価値評価に相対的に関心の低かった投資家も真剣に投資先企業との対話を促進させようと考えています。彼らの投資戦略の内容を投資先企業や顧客により詳細に伝える必要性が生じているからです。

日本版スチュワードシップ・コードは、投資家が顧客・受益者の中長期的な投資リターンの拡大を図ることを目的として制定されました。そのために投資家が投資先企業を深く理解することが重要であり、企業との対話などを通じて、産業構造、事業の競争力、長期的潮流といった事項を把握することが必要になると考えています。

日本版スチュワードシップ・コードは7つの原則からなり（図表1－1を参照）、各原則に対し、その原則の意味を説明するものとして、2～4つの指針が示されています。例えば、原則1の「機関投資家は、スチュワードシップ責任を果たすための明確な方針を策定し、これを公表すべきである。」に対して、2つの指針が示されており、指針1では、「機関投資家は、投資先企業やその事業環境等に関する深い理解に基づく建設的な『目的を持った対話』（エンゲージメント）などを通じて、当該企業の企業価値の向上やその持続的成長を促すことにより、顧客・受益者の中長期的な投資リターンの拡大を図るべきである。」と、その原則の意図を明確にしています。第1章で少し説明しましたが、日本版スチュワードシップ・コードはコーポレートガバナンス・コードと同じように「コンプライ・オア・エクスプレイン」に基づくソフトローで、遵守義務はありませんが、コードを遵守しない場合には、なぜ遵守しないのかを説明する必要があります。

日本版スチュワードシップ・コードは、投資家が投資先企業を深く理解するために行っている活動の内容を、投資先企業や顧客に知ってもらう有効なツールになると考えられます。

機関投資家自らが投資先企業の理解を深めるために行っている投資プロセスを顧客や企業に説明することと同義と考えられるからです。企業から見ると、中長期の企業価値評価に真剣な投資家を、日本版スチュワードシップ・コードへの受け入れ表明内容から探し出すことが可能になります。

上場企業が、日本版スチュワードシップ・コードから投資家の評価を行う際に参考となる基準が海外で公表されています。英国年金協会[19]が公表している、運用会社がスチュワードシップ・コードにどの程度準拠しているかを自己評価するための基準です。この基準は企業にとって投資家理解を進める上で大変参考になります。コーポレートガバナンス・コードにおいても同様の評価基準が作成されれば、コードへの準拠状況を、第三者が客観的に評価できるかもしれません。似たような基準が作成されることを期待したいと思います。

低評価の運用会社が多い

野村総合研究所は、日本版スチュワードシップ・コードの内容評価を行うため、英国年金協会が作成した内容を日本流にアレンジし、受け入れ表明した機関投資家の評価を行っています（図表5－3[20]を参照）。2015年5月末現在、日本版スチュワードシップ・コードを

図表5－3　日本版スチュワードシップ・コードの方針内容の評価例

	投信・投資顧問（日系、信託含）	投信・投資顧問（外資系）	生損保	年金ファンド等
A評価	17%	25%		78%
B評価	37%	31%	18%	11%
C評価	29%	28%	27%	11%
D評価	17%	16%	55%	
合計	41社	32社	11社	9社

（注）資産運用額の大きな運用会社を中心に93社を選択して評価（評価会社4社を含む）
（出所）野村総合研究所

受け入れた投資家の数は191と、日本で日本株式に投資をしている大手の運用会社のほとんどが受け入れ表明をしています。その内容は改善しているとはいえ、まだ日本版スチュワードシップ・コードは、その意図が十分に浸透しているとは言えません。数の上では十分ですが、書かれた内容がコードの趣旨に十分沿ったものになっていないというのが、現段階での評価です。

図表5－3で示したように、CやDという低い評価の運用会社が半数近くを占めています。これはなぜでしょうか。主な理由は、投資戦略がスチュワードシップ責任とマッチしていないからです。スチュワードシップ責任を全うしようと思うと、中長期の企業価値を見極める投

19　NAPF、National Association of Pension Funds
20　この図表は、運用戦略自体の評価をしているのではなく、コードへの記述内容がコードの趣旨に本当に沿ったものなのかという観点から、A、B、C、Dの4段階で評価をしたものです。

資戦略が必要です。日本版スチュワードシップ・コードに書かれている、「投資先企業の持続的成長に資するよう、投資先企業やその事業環境等に関する深い理解に基づき、当該企業との対話やスチュワードシップ活動に伴う判断を適切に行うための実力を備えるべきである」といった要求を、四半期の業績予想を基に投資をしている運用会社が本気で実行するはずがありません。こういった活動を行う必要性が低いからです。残念ながらまだ、中長期の企業価値を見極めることに主眼を置いた投資戦略をメインに据えている運用会社は少ないように思います。

逆に上場企業の立場から言えば、日本版スチュワードシップ・コードへの受け入れ表明内容を確認すれば、どの程度真剣に機関投資家が投資先企業の企業価値のことを考えているかを知ることができるのです。中長期の企業価値を真剣に考えていない投資家に対して、企業経営者が貴重な時間を使って事業内容を説明する必要はありません。彼らが必要とする情報はそのようなものではないからです。

機関投資家が日本版スチュワードシップ・コードに受け入れ表明しているのであれば、投資戦略はそれに見合うものでなければなりません。スチュワードシップ責任を全うするのであれば、投資戦略そのものが事業会社と平仄が合う、つまり中長期の企業価値を本当に考えるような投資戦略でなければならない、ということです。

このように、現在はまだ始まったばかりで受け入れ表明内容に改善の余地が多いのですが、今後は投資戦略も日本版スチュワードシップ・コードの精神に沿ったものが増え、企業も対話すべき投資家を見分ける場合の参考になるものと考えられます。次に、その受け入れ表明内容をどのように投資家選別に活用すれば良いかを説明します。

5　コードから機関投資家の投資戦略を読み取る

まだ日本版スチュワードシップ・コードへの受け入れ表明内容は十分ではないものの、本節では、受け入れ表明内容からどのような投資戦略を採用しているのかを読み解く方法を述べます。日本版スチュワードシップ・コードの原則に沿って説明していきます。

全体を通して理解できること

まずコードの受け入れ表明内容から、運用会社ごとに、日本株式でどのような投資戦略を採用しているのかを理解することができます。さらに企業との対話や議決権行使に関して、どのような時に、どのような議題で、特定の人物またはどの部門がエンゲージメント活動を行っているのかを確認できます。ここで「確認できる」と書いているのは、あくまで運用会社が、日本版スチュワードシップ・コードの趣旨にしたがって、各原則について正確な記述をしているという前提でのことですので、そのような内容を書いていない場合には、運用会社に開示を要求すべきです。

ディスクローズの進んだ運用会社は、議決権行使に関して、結果が公表されているだけでなく、重要な議決権行使について当該年度でのポイント等が記載されており、どのような議決権行使を行っているのかを確認することも可能になります。議決権行使に関して利用している助言会社名、受けているサービス内容、賛否の準拠状況（議決権行使助言会社のアドバイスをどのレベルまで利用しているのか等）なども確認できます。

企業は、詳細な開示内容を確認すれば、機関投資家が自社の議案に対してどのような方針をとるのかを考えることができ、投資家の対話をより容易に行えると期待できます。

（原則1）　スチュワードシップ責任を果たすための方針の策定及び公表

機関投資家としての投資哲学や企業価値に対する考え方が明確に整理され説明されている

ため、企業は（原則1）の内容を読むことで、彼らの投資先企業への基本的な考え方を理解することができます。企業は、投資家がどの程度中長期の企業価値を真剣に考える投資戦略を採用しているのか分かるはずです。また、国連の責任投資原則[21]に署名している場合、スチュワードシップ責任との関係にも言及されていれば、参考になる情報となるでしょう。

（原則2）　利益相反に関する方針の策定及び公表

日系運用会社の場合、金融機関の子会社であることが多く、運用会社の取締役会自体がどの程度、顧客利益を考えた意思決定をしているのか疑わしいケースもあります。この点は、企業ではなく、運用会社に投資の委託をしている年金ファンドが主として確認すべき点かと思います。自ら経営の襟を正すことができない運用会社の投資先企業へのコーポレートガバナンス改善要求は、投資先企業からみてあまり説得力がないのでないでしょうか。

（原則3）　投資先企業の状況の的確な把握の必要性

明確な記述がされている機関投資家の場合、対話の進捗状況をモニタリングできる仕組み

21　英語でＰＲＩ（Principles for Responsible Investment）と呼ばれています。

を持っており、彼らは企業とどのような議論を行っているのか、その状況を常に確認できます。そのため企業がその機関投資家と対話を行う場合、投資家のどの部署の誰が自社の誰と対話しているかを即座に把握でき、継続的に矛盾のない形で議論を行うことができるはずです。

また投資家が非財務情報を、投資先企業の優位性を判断するためにどのように活用するのかの方針が明確になっているため、企業から見ると、対話においてどこにポイントを置くべきかが明確になると思われます。

投資戦略によって内容は異なりますが、企業価値評価型の投資戦略を採用している場合、上記のような項目が書かれていると期待できます。現時点ではまだ記述内容が不十分な運用会社が多いですが、英国のスチュワードシップ・コードへの説明内容をみると、このような内容が書かれています。今後の記述内容の改善を期待したいところです。

（原則4）「目的を持った対話」を通じた投資先企業と認識の共有化と問題改善への努力

（原則4）の中で、投資家は、企業価値向上に関する対話の視点を明確にしているだけでなく、企業価値を毀損する具体的な事象を類型化して整理しています。企業は、何を情報として提供すれば対話が建設的なものになるのか理解しやすくなるのではないでしょうか。また企業の状況に応じて、どのような対話をするのかの仕組みが整えられているため、企業が自社をどのように評価しているのかを尋ねることで、投資家が何を知るべきポイントに置いて議論したいのかも理解できるはずです。

〈原則5〉 議決権行使及び行使結果に関する方針の策定及び持続的成長に資する行使への工夫

〈原則5〉では、議決権行使の基準が公表されています。またどのような社内規定に基づき、どの部署が関与して最終決定者が誰であるのかを明確に記述しているだけでなく、議決権行使助言会社の判断にしたがう場合でも、その判断基準を確認していることを明示しているため、企業側は誰と議決権行使に関して議論するべきかが明確になります。

〈原則6〉 議決権行使を含むスチュワードシップ責任の遂行に関する定期報告の実施

具体的なスチュワードシップ活動の内容の事例が掲載されており、機関投資家の活動内容を企業が詳細に理解することができます。

（原則7） 対話やスチュワードシップ活動を適切に行うための実力を備えるべき

本書執筆時点では、具体的な記述をしている機関投資家はあまり多くありませんが、今後は企業との対話に必要なスキルを明確にイメージした上で、スキルを向上させるための対応策を明示することが考えられます。企業もその内容から機関投資家の企業を評価する能力を確認することができるようになると考えられます。

日本版スチュワードシップ・コードとコーポレートガバナンス・コードの制定は、投資家と企業の関係を双方向に変化させることも目的の1つとしています。企業側から一方的に公表したい内容を情報開示する、また投資家が一方的に聞きたい内容を企業に質問するような状態は避けねばなりません。

コーポレートガバナンス・コードに基づく企業の情報開示が進む一方で、日本版スチュワードシップ・コードによる情報開示によって、機関投資家の企業への投資の考え方が理解できれば、お互いが知りたい情報をより正確に把握することが可能になります。そうなれば、企業はフェアディスクロージャーの観点からこれまで一律に行っていた情報開示から一歩前に進み、投資家との対話で、投資家の投資戦略に応じて、彼らが望むより適切な議論を行うことができるようになります。

これはフェアディスクロージャーの考え方に何ら反するものではありません。投資家のプロファイリングをより発展させることで、各投資家に必要な情報を適切に提供していることに他ならないからです。２つのコードの制定で、企業と投資家の相互理解が深まり、対話の内容がお互いにとって利点の多いものになることが期待されます。

残念ながら、２０１５年6月の段階で、すべての原則について、詳細な開示している機関投資家は多くありません。内容の開示が不十分な場合、企業は日本版スチュワードシップ・コードに受け入れ表明を行っている機関投資家に対して、各原則にしたがっている内容をより詳細に開示するよう要求すべきであると思います。企業は、投資家のプロファイリングの一環としてそのような要求をする義務があると考えるべきなのです。

6　コーポレートガバナンス対応部署の連携をチェック

企業との窓口は2つ

機関投資家との対話を考える際、どの部署が投資した企業との窓口になっているのかを確認することも重要です。大規模な運用会社では、図表5－4で示したように、企業との対話の窓口は2つに分かれていることが多いからです。

図表5－4の企業価値評価者とは、いわゆるポートフォリオマネジャーやアナリストと呼ばれており、株式の最終的な売買権限を持っている部門に属しています。コーポレートガバナンス担当者は、議決権行使やESG（環境・社会・ガバナンス）を評価することを専門にしている部門に所属しています。コーポレートガバナンスの内容を企業価値評価の重要な構成要素であり一体的に考えている機関投資家においては、2つの部署が密接に連携しており、企業が特に2つの部署を区別する必要はありません。

ガバナンスを企業価値と関連づけて議論できるか

企業が注意しなければならないのは、大手の運用会社で2つの部署の連携がうまくとれていない場合です。コーポレートガバナンス担当者は、上場企業のほぼすべてをカバーし、企業の開示情報を確認しなければなりません。その際、実際の企業価値評価を行う部署との関係が希薄で、企業価値と関連づけた内容を理解してくれない場合に大きな問題が発生します。1社当たりの分析時間が短いこともあり、どうしてもコーポレートガバナンスの内容を、表

図表５－４　機関投資家の企業との対話窓口の例

	企業価値評価者（投資判断者）	コーポレートガバナンス担当者
評価の目的	投資判断のために稼ぐ仕組みを確認	議決権行使のために形式要件を確認
担当範囲	担当ユニバースの銘柄	保有銘柄すべて
担当者の特徴	投資企業数が少なく細かな確認が可能 業種内での知識中心で横比較が少ない ガバナンスの知識も少ない	投資企業数が多く細かな確認は不可能 業種横断的な知識 ガバナンスの知識は豊富
視点の特徴	形式よりも具体的事例 具体事例により実効性を確認	具体事例よりは形式 具体事例は形式にそっているか確認
確認事項	企業価値の考え方 経営体制・管理手法の整合性 資本政策の基本的考え方 社内目標を周知する仕組み 株価位置の自己評価 株主意見の経営へのフィードバック	総会運営 政策保有株・買収防衛策 社外取締役の役割・独立性・人数など
意見の相違	対話・売却	議決権行使

（出所）野村総合研究所

面的な評価にとどめてしまうのです。コーポレートガバナンスに関する運用会社からの質問は、この部署が窓口となるのが主流です。このような場合、コーポレートガバナンスを企業価値と関連づけて突っ込んだ議論ができないこともあるので注意が必要です。

企業が本来対話すべきは、形式基準で企業価値やコーポレートガバナンスを評価するのではなく、実際の売買を行うために中長期の企業価値を見定めようとしている担当者です。したがって、企業は機関投資家内のコーポレートガバナンスに関連する組織の連携も十分考慮に入れた上で、誰と対話をすることが適切なのかを判断することが重要になります。

7　上場企業による機関投資家の逆選別の必要性

企業の側から投資家を選別

ここまで、機関投資家の投資戦略を様々な情報から確認する例を示しましたが、上場企業が能動的に対峙すべき投資家を選別する能力を磨くことの重要性は論を待ちません。日本版スチュワードシップ・コードの導入によって、中長期の企業価値を十分に評価する能力のない投資家も外形基準を整える目的で企業に対して対話を申し込んでくると考えられます。企業が投資家の能力評価を正確に行うことができなければ、企業が投資家の必要とする情報を正確に把握できず、適切な対応ができない可能性が生じます。これはお互いにとって不幸なことです。

プロファイリング能力を磨く

その意味で、上場企業の投資家のプロファイリング能力向上は欠かせません。企業が参考になる意見を持っているのは優れた運用会社です。優れた運用会社とは長期にわたって高い運用成果を上げている運用会社であり、それは高い収益力のある企業の条件と同じです。

運用会社の投資戦略を評価する上で、運用会社の能力評価を行っているコンサルティング会社のサービスが参考になると思われます。例えば、年金ファンドに優れた運用会社の紹介を行う年金ファンド向けコンサルティング会社は、優れた投資成績をあげる運用会社を選ぶために、投資戦略の内容を詳細に分析しています。彼らのサービスは、どの運用会社がどのような投資戦略を採用しどのような実績をあげているのかを詳細に分析したものです。企業が、機関投資家が図表５−２であげた５つのカテゴリーのどれに属するのかを判断する際に参考になるサービスだと考えられます。これらの情報は更新していくことが必要ですが、１

年に1回程度の頻度の更新で十分でしょう。

企業は日々の対話で機関投資家と常に接しているわけですが、対話の履歴を蓄積しておくことで、運用会社のどの担当者が、どのような質問をしたかをトレースしておくことも重要です。彼らの自社への関心がどこにあるのか、それがどのように変化をしているのかを分析することで、自社への投資の仕方を深く理解することができるからです。

日本企業の投資家のプロファイリング方法は、今後大きく変えていくべきです。日本の上場企業の多くは、まずＩＲコンサルティング会社が提供する投資家判明調査というサービスを使って、投資家のプロファイリングをスタートさせます。コーポレートガバナンス・コードの（**補充原則5－1③**）に「上場企業は、必要に応じ、自らの株主構造の把握に努めるべきであり、株主も、こうした把握作業にできる限り協力することが望ましい。」と書かれています。自社の投資家を把握するのは、株主総会だけのためではなく、例えば自社の経営に批判的な投資家を探し出し、彼らと対話を行うことで自社の弱点や誤解されている点を見つける、といった建設的な対話を促進させるという重要な意味も持っています。投資家判明調査を単に株数の大小という観点からだけではなく、長期視点を持っているか、中長期の企業価値評価を行っているかなど、企業経営者が本来対話すべき投資家を区分するために、さらなる活用を行うことが望まれます。

対話すべき機関投資家を見つけるプロセスにも改善が必要です。企業は投資家と対話するために、様々な金融機関やコンサルティング会社を使っています。例えば、証券会社などを使って機関投資家とのアレンジを依頼することが一般的だと思います。その場合、選ばれる投資家は彼らにとってよい顧客、つまり手数料を多く払った投資家に偏る傾向があるかもしれません。彼らは同時に売買回転率の高い投資家である可能性が高いため、企業が対話すべき投資家とは異なる可能性もあります。

企業は、この章で述べた様々な手段を使って、機関投資家がどのような投資を行っているのかを分析しておくことが重要です。機関投資家の投資戦略を十分に理解し、また自社の特徴と照らし合わせれば、彼らがおよそどのような動機で自社の株式を保有しているかが分かります。そうすれば、どの機関投資家と対話すべきかが自ずと理解できるようになります。

受動的に対話すべき投資家を選定してもらうのではなく、自らが対話すべき投資家を選択する、いわば企業による投資家の逆選択という行動が必要なのです。そのような逆選択を行って初めて、双方が実りある対話を実現できるのではないでしょうか。株主平等の原則を守ることとの関連で、投資家の特性に応じて対応を変えることを躊躇している企業もいるかと思いますが、これには大きな誤解があります。つまり、財務諸表のような定量情報は、すべての投資家に同一の情報を伝達することが不可欠です。ただし、投資家の投資戦略によって彼らが欲する情報には大きな差があるため、様々な定性情報は投資家ごとにニーズに応じて変えて伝達することが当然なのです。投資家の特徴を踏まえた対応をすることが、両者にとってより建設的な議論ができる条件であると思います。

第6章　課題とこれから——上場企業に期待されること

最後に、コーポレートガバナンス・コードを踏まえ、上場企業に期待されることをまとめておきたいと思います。

1　稼ぐ力をどう強化するか

最低限、資本コストを上回ること

企業が真っ先に行うべきことは、資本コストを上回る収益力を付けることです。上場企業である以上、これは最低限の条件です。第3章で企業価値評価型の投資家の企業選定基準の例を示しました。企業を深く理解した、企業価値評価型の投資家に多く株を保有してもらうことができれば、上場企業は安心して中長期の経営に集中することができるでしょう。しかし彼らに保有してもらうには、厳しい条件があります。

図表6−1に、企業価値評価型の投資家の投資プロセスの一例を掲載しました。彼らは、高品質の企業に絞って投資先を検討する傾向が強いという特徴があります。いくら株価が安く割安に見えても、安定した収益をあげていないと、決して投資対象の中に入れません。彼らに保有してもらうには、まず一定以上の収益力を付けることが不可欠なのです。

非常に厳しい表現になりますが、資本コストを下回る収益しかあげることができない企業が、いくらコーポレートガバナンス・コードの内容を詳細に説明したところで、企業価値評価型の投資家に読まれることはほとんどないのではないでしょうか。このような企業が行うべきことはコーポレートガバナンス・コードに対応した詳細な説明ではありません。稼ぐ力をどのように付けるのか、それを最優先の経営課題と位置づけるべきです。2015年中にコーポレートガバナンス・コードへの内容説明を行うべき企業はその対応を進めつつも、資本コスト以上の収益をあげることを最優先課題として対応する必要があると思います。

マージンの向上が第一に

例えば、ROEを向上させるためにはどのような方策が考えられるでしょうか。第3章で述べたように、ROEは3つの項目に分解できますが、最も重要であるのは、マージン、つまり売上高純利益率を上げることになります。しかしこれは口で言うほど簡単ではないことも事実です。短期的な解決策はなく、経営陣幹部の重要な役割の1つである「資本配分」を通じて不採算部門への対応を行うといった厳しい施策を含め、企業経営そのものの課題として常に挑戦していくものと言えます。

④価格（安全性マージンの確保）	⑤ポートフォリオ構築
本質的価値から25%株価が割安か否か	実際のポートフォリオへの組入
100～300企業	30～70企業（100以上の場合も）
・レバレッジの高低、本質的価値の内容（成長するか否か）、業種の差などを考慮して、安全性マージンを計算 等	・チーム全員で決定する場合もある ・売却は一人の反対で実施するケースもある 等

（出所）運用会社へのインタビューから野村総合研究所が作成

短期的なソリューションは、いくつもあげることができますが、1回限りのソリューションが多く、何度でも利用できるものはあまりありません。例えば、株価が企業価値に比べ低い場合に行うことが望ましい自社株買いは、ROEの向上に効果的なソリューションの1つですが、自己資本には限りがあり、そう何回も使える手法ではありません。企業が置かれている状況によっては非常に効果的なソリューションである一方、その効果をあまり過大評価すべきではないと思います。

またこのような投資家への還元政

図表6－1　企業価値評価型の投資家のポートフォリオ構築プロセス

企業の選定基準

①定量スクリーニング（ファンダメンタルのみ）	②過去データ分析	③将来機会の分析
投資すべき企業の定量スクリーニング	過去のビジネスと利益の品質の理解	現在の利益を将来も継続できるか否か
ユニバース全企業対象	対象は千以下に減少	500企業以下
・高ROE/ROA ・高ROIC ・高いフリーキャッシュフロー ・安定的な収益・営業利益率 ・低レバレッジ 等	・保守的なフランチャイズ ・価格決定力 ・低い必要資本額 ・一貫性あるビジネス戦略 ・高透明性の会計 等	・利益を維持できる能力 ・高ROEを維持できる能力 ・低レバレッジの維持 ・資本を拡大しながら高ROEを獲得できる能力 等

策を含む財務戦略に力を入れすぎると、1つの限られたパイを投資家と企業が奪い合うことにもつながり、利益成長の阻害要因になりかねません。利害関係者がＷｉｎ－Ｌｏｓｅの関係になる戦略は短期的には効果を上げたとしても、長い期間を想定した場合、利害関係者がＷｉｎ－Ｗｉｎの関係を想定できる企業理念に反する結果になり、中長期の企業価値を毀損することも生じかねません。株式市場では、このような短期的な財務戦略やソリューションに注目が集まる傾向にありますが、本丸はあくまで、マージンの向上による

企業価値の向上、利害関係者のＷｉｎ－Ｗｉｎの関係の維持であることを心にとどめておくことが重要ではないでしょうか。

2　海外投資家と真剣に向き合うことが企業の力を強める

海外投資家は一部の企業に偏る

海外投資家への対応に頭を悩ませている企業も多いと思います。海外投資家は、平均すると時価総額ベースで日本企業の31％を保有する最大の投資家です。しかし、実際には海外投資家の保有している日本企業には大きな偏りがあり、海外投資家の保有比率が3割を超えている企業は、ごくわずかにすぎません。数の上では大多数の上場企業は、あまり海外投資家には保有されておらず、特に投資家との対話という点について強い意識を持っていないのかもしれません。しかし、海外投資家の保有比率が低いことで安心しているのであれば、彼らとの対話を進める企業との格差がどんどん拡大するのではないでしょうか。海外投資家の保有状況について確認した上で、対応策を考えたいと思います。

図表6－2は、ＴＯＰＩＸすなわち東証一部上場企業の海外投資家比率の分布を示してい

図表6－2　TOPIX企業の海外投資家保有比率

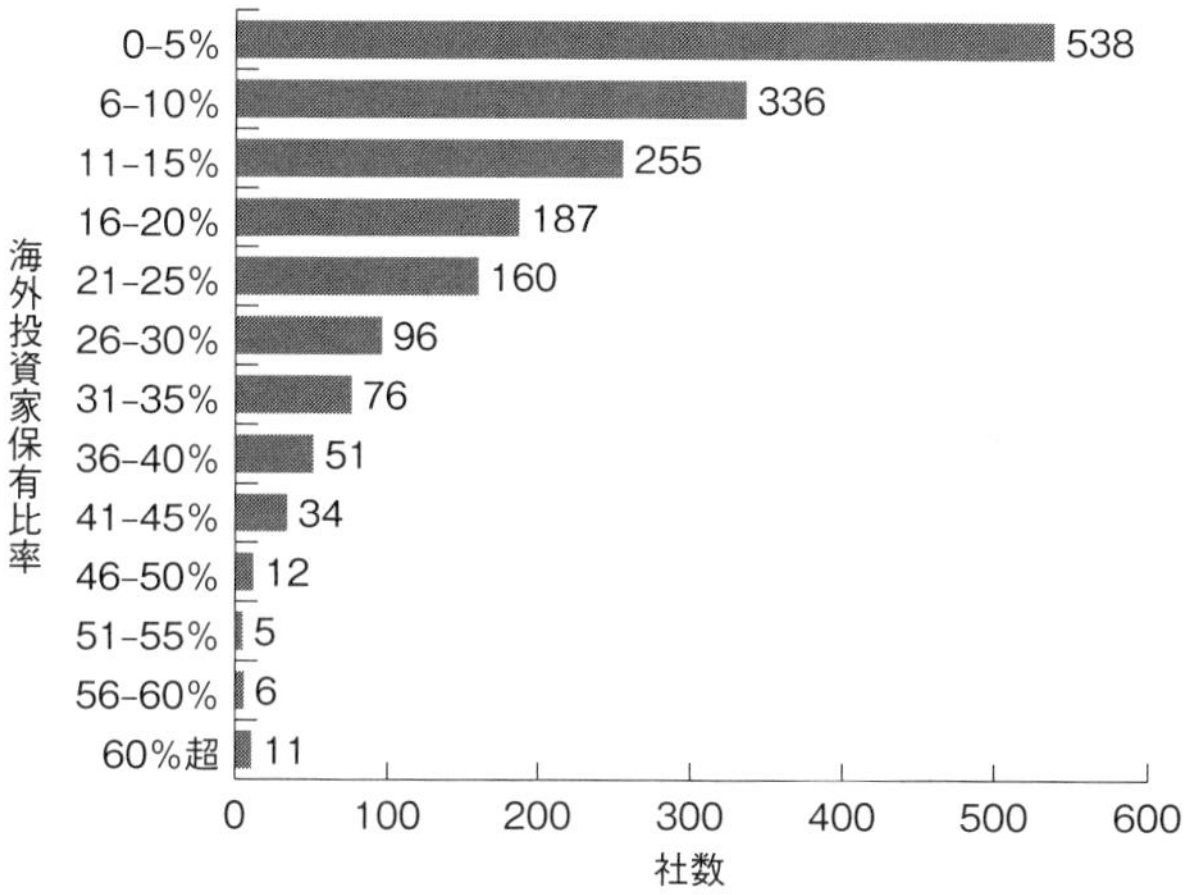

（出所）有価証券報告書から野村総合研究所作成

ます。東証一部の１８００弱の企業のうち、海外投資家比率が30%を超えているのは、企業数でわずか1割にすぎず、単純平均値は14%弱です。加重平均値である31%と単純平均値に大きな差が生じている一番大きな理由は、海外投資家の投資が一部の企業に偏っているからです。海外投資家の保有比率が30%超の企業の特徴を見ると、東証一部上場企業の時価総額上位１００社で構成される企業が8割を占め、時価総額の大きい大型株に保有が偏っていることを確認できます。

時価総額の大きな企業に海外投資家の投資が偏っているのは、彼らの投資額が大きく、一定の流動性を持つ時価総額の大きな企業でなければ、投資することができないという現実的な理由が大きいと思われます。もう1つの理由として考えられるのは、彼らが投資成果の基準にしている「ベンチマーク」の影響です。多くの海外投資家は、ベンチマークとしてＭＳＣＩ ＪＡＰＡＮという指数を採用しています。ＭＳＣＩ ＪＡＰＡＮ採用企業の数は約３００社で、その多くが時価総額の大きな大型株です。ＭＳＣＩ ＪＡＰＡＮに採用されている企業の海外投資家による保有比率は、加重平均でも単純平均でも約30%であまり大きな差がありません。さらにそれらの企業の中でも、特に海外投資家の保有比率の高い企業の特徴を分析してみると、ＲＯＥとＥＢＩＴＤＡマージン[22]という収益力を示す数値が高いことが分かりました。

つまり、海外投資家の保有比率が高い企業は、一般的に規模が大きく収益力が高いという特徴があるのです。このような海外投資家の中には、前述した「企業価値評価型」の投資家も数多く含まれています。収益力の高いこれらの企業は、企業価値評価型の投資家と対話できる機会が多くあるということを意味します。コーポレートガバナンス・コードの制定により、情報開示のさらなる充実や対話能力を高めていくことで、投資家との関係をますます強化していくでしょう。

優れた投資家に投資される会社になる

取り残される可能性が高いのは、そのような優れた投資家に投資をしてもらえない企業です。取り残されるとどのような問題が発生するでしょうか。「投資家から厳しいことを言われないのでそのほうが楽だ」と考えている企業があるとすると、大きな問題です。中長期の企業価値評価にあまり熱心でない投資家が主たる株主であると、企業にとっていろいろな問題が発生します。そもそも魅力的でないため、株価がずっと低位のままに置かれ、企業買収のターゲットにもなりやすいでしょう。また企業価値を冷静に分析できる投資家が少ないため、ちょっとした噂によって株価が大きく上下に変動することになります。企業価値を正確に分析できる投資家が少ないと、本来の企業価値と株価に大きな乖離が生じたままになる可能性も高いでしょう。情報開示も不十分な場合は、投資家が経営に対する信任が低いため、資本コストも高くなる傾向が強まります。そのマイナス面は枚挙にいとまがないほどあります。

規模の大小を短期間に変えることは企業努力では難しいですが、収益力を改善することで

22　ＥＢＩＴＤＡマージンは、税引前利益に、特別損益、支払利息、および減価償却費を加算した数値を売上高で割った数値として計算される。

海外投資家にも多い企業価値評価型の投資家を増やすことは可能です。収益力の改善が、企業価値評価型の投資家との対話を増やす意味でも何より重要なのです。

収益力が低い企業でも、海外投資家を含む長期視点の投資家が投資をするのは、リスク管理上の理由からです。パッシブ投資の場合は、ベンチマークとの時価総額比率とあまり乖離しない範囲で保有するのが典型的な理由です。このような投資家は、前述したように、中長期の企業価値を評価する高い能力を必ずしも持っているわけではなく、企業に対する質問も形式的なものになりがちです。彼らとの会話によって、企業が有益な情報を受けることはあまり期待できません。

したがって、収益力の高い企業と差を付けられることを防ぐ意味でも、一定レベルの収益力を付けることが極めて大切なのです。企業にとって大切な投資家は、「アクティブな投資判断で」投資をしてくれる投資家です。彼らがある一定期間保有する企業は、収益力が向上するという見通しを彼らが持つ企業です。優れた投資家との対話から有益な情報を得るためにも、収益力の向上が欠かせないのです。

3　機関設計は後回しでも良い

形式だけ整えることに意味はない

コーポレートガバナンス・コードの中で特に注目が集まっている、（原則4―8）の「独立社外取締役の有効な活用」での「2名以上の独立社外取締役の選任」や2015年5月に施行された改正会社法で認められた「監査等委員会設置会社」への移行など、日本ではともすると、機関設計等の形式を整えることに関心が行きがちです。しかし本書で何度も繰り返し述べているように、そのような形だけを整えることには本質的な意味はありません。

実効性こそが問われる

コーポレートガバナンスが「持続的な成長と中長期的な企業価値の創出」を行うための「透明・公正かつ迅速・果断な意思決定を行うための仕組み」である以上、それを達成するための実効性が問われているのです。海外の機関投資家からとかく批判の多い、監査役会設置会社であっても、取締役会の下に指名委員会等の各種諮問委員会を設置し、指名委員会等設置会社とほぼ同じ機能を備えた上場企業もすでに現れています。

要は、どのような機関設計であったとしても、各企業の状況に合わせて自律的な仕組みが工夫されれば良いわけで、形式に拘ることは本末転倒です。

4　プロセスを説明して積極果敢な経営に

意思決定を合理的に

第3章で述べたように、企業理念を明確にした上で企業価値向上のプロセスを投資家から見て納得のいく形で説明することが何より大切です。取締役会はその意思決定の結果として、環境変化等により企業に大きな損失をもたらすこともあります。第3章で述べたプロセスを明確にしておけば、どのような原因によってそのような損失がもたらされたのかが明確になり、その段階での意思決定が合理的であったことを示す重要な証拠を提供することができるでしょう。

コーポレートガバナンス・コードに書かれているように、コーポレートガバナンスを整えることは、「意思決定過程の合理性を担保することに寄与する」のです。そのような透明性の高いプロセスが構築されることで、企業の透明・公正かつ迅速・果断な意思決定を促す効果を持つことになると期待されるのです。

投資家との関係強化も改めて強調しておきたいと思います。これまで、企業経営者から見て投資家は、短期の視点で、しかも肝心な時に株式を売却してしまう存在で、企業価値向上に向けてパートナーとなるような相手とは考えられなかったと思います。確かにそのような投資家が多いことも事実です。しかし高品質の企業には、企業価値評価型の投資家が多額の投資をしていることもまた事実であり、そのような企業は優れた投資家との議論のなかで経営のヒントを得ています。短期視点の投資家しか自社の株式を保有していないとすれば、それは企業にも大きな課題があると考えるべきではないでしょうか。

「経営の意思」が問われる

ある日本企業ＣＥＯがインタビューのなかで、「海外の投資家にはがっかりした。金融危機の時、中長期で持つと言っていたくせに、全部売却された。」という不満を述べられました。もちろん投資家の問題もあったと思いますが、企業の利益構造にも課題があり、インタビューで述べられたような結果になったものと考えられます。中長期の企業価値を評価する投資家は、参入障壁が高くキャッシュフローの安定性が極めて頑健である企業を好みます。企業が株を持ってもらいたい投資家と企業の事業内容に大きなミスマッチがあり、本来保有してほしい投資家に持ってもらえないという事実から目を背けてはならないでしょう。

企業が着実に収益をあげている限り、パートナーとなりうる投資家が必ず存在します。そのような投資家は、経営者に対して多様な視点で意見具申を行うことで良い意味で刺激を与え、大切な存在となるはずです。そのような投資家を見つけ、パートナーとすることは、より良い経営判断の一助となるはずです。

しかし、最後に申し上げたいのは、コーポレートガバナンスの改善に何より不可欠であるのは、持続的な成長と中長期の企業価値向上に対する「経営の意思」です。この自律的な企業経営者の改革への意思がなければ、コーポレートガバナンス・コードへのコンプライなど何の意味もありません。コーポレートガバナンス・コードを1つのガイドラインとして、経営の意思を示されんことを。

参考文献

1　『山を動かす』研究会編、『ROE最貧国　日本を変える』2014年、日本経済新聞出版社

2　川北英隆編著、『「市場」ではなく「企業」を買う株式投資』2013年、金融財政事情研究会

3　川北英隆・奥野一成編著、『京都企業が世界を変える』2015年、金融財政事情研究会

4　武井一浩編著、『コーポレートガバナンス・コードの実践』2015年、日経BP社

5　ピーター・F・ドラッカー、『見えざる革命』1996年、ダイヤモンド社

6　アルフレッドP・スローンJr.、『GMとともに』2003年、ダイヤモンド社

7　マービン・バウワー、『マッキンゼー経営の本質』2004年、ダイヤモンド社

8　杉浦秀徳、「コーポレートガバナンス・コード適用開始と日本企業への影響について」資本市場リサーチ2015年春季号、みずほ証券

9　日本版スチュワードシップ・コードに関する有識者検討会、「責任ある機関投資家の諸原則《日本版スチュワードシップ・コード》」2014年、金融庁

10　コーポレートガバナンス・コードの策定に関する有識者会議、「コーポレートガバナンス・コード原案」2015年、金融庁・東京証券取引所

11　経済産業省、「持続的成長への競争力とインセンティブ～企業と投資家の望ましい関係構築～（伊藤レポート）」2014年8月

12　持続的成長に向けた企業と投資家の対話促進研究会、「対話先進国に向けた企業情報開示と株主総会プロセスについて」２０１５年、経済産業省

13　株式会社東京証券取引所、「コーポレートガバナンス・コードの策定に伴う上場制度の整備について」２０１５年2月24日

14　株式会社東京証券取引所、「コーポレートガバナンス・コード～会社の持続的な成長と中長期的な企業価値の向上のために～」２０１５年6月1日

15　株式会社東京証券取引所、「東証上場会社コーポレート・ガバナンス白書２０１５」２０１５年

16　Bruce C.N. Greenwald, Judd Kahn, Paul D. Sonkin, Michael van Biema、『バリュー投資入門』２００2年、日本経済新聞社

17　ＯＥＣＤ、「ＯＥＣＤコーポレートガバナンス原則」２００４年

堀江　貞之（ほりえ・さだゆき）
1981年神戸商科大学管理科学科卒業。野村総合研究所資産運用研究室長、野村アセットマネジメントIT第一運用室長などを経て現職。金融庁・東京証券取引所「コーポレートガバナンス・コードの策定に関する有識者会議」メンバー、「年金積立金管理運用独立行政法人」(GPIF) 運用委員会・委員（委員長代理・現任）などを歴任。
現在：野村総合研究所上席研究員
主著：『ＲＯＥ最貧国　日本を変える』（共著）日本経済新聞出版社
『「市場」ではなく「企業」を買う株式投資』（共著）金融財政事情研究会

日経文庫1339
コーポレートガバナンス・コード

2015年７月15日　１版１刷
2015年８月21日　　　２刷

著　者　堀 江 貞 之
発行者　斎 藤 修 一
発行所　日本経済新聞出版社
http://www.nikkeibook.com/
東京都千代田区大手町1-3-7　郵便番号100-8066
電話 (03)3270-0251(代)

装幀　next door design
組版　マーリンクレイン
印刷・製本　三松堂

ISBN978-4-532-11339-1